삶을 바꾸는 소요리 성경공부 시리즈 1·2·3·4

웨스트민스터
소요리문답

인도자
지침서

정요한 지음

KB206197

엔크리스토

삶을 바꾸는 소요리 성경공부 시리즈를 펴내면서…

"사람이 제일 되는 목적은 무엇입니까?"라는 질문으로 시작되는 웨스트민스터 소요리문답은 우리가 믿는 기독교 신앙을 단순하고 명쾌하게 설명하고 있습니다. 1643년부터 1652년까지 영국 런던의 웨스트민스터 대성당에 많은 성직자들과 신학자들이 모여서 우리의 신앙을 정의하기 위한 회의가 열렸습니다. 그리고 그 결과로 웨스트민스터 신앙고백서가 작성되었고 이를 효과적으로 교육하기 위하여 대·소요리문답이 연이어 작성되었습니다. 이중 소요리문답은 신앙고백서의 내용을 교회에 처음 출석하는 초신자들과 어린이들에게 쉽게 교육하기 위하여 1647년 쓰였습니다.

우리가 믿는 기독교는 말씀의 종교입니다. 하나님께서는 말씀으로 세상을 창조하셨고, 스스로를 말씀을 통해 사람들에게 계시하셨습니다. 우리가 하나님을 바르게 믿고 바르게 행하기 위해서는 말씀을 잘 읽고 연구해야 합니다. 이를 위해 교회는 문답의 형식을 사용해서 하나님의 말씀을 가르치는 전통을 지켜 왔습니다. 웨스트민스터 소요리문답은 그런 요리문답의 전통 안에서 개혁교회가 가지고 있는 신앙의 내용을 가장 잘 알려 주는 문답서입니다.

사실 요리문답은 논리적으로 사람의 이성에 호소하는 것이기 때문에 어느 정도 딱딱할 수 있습니다. 그러나 믿음의 내용을 바로 아는 것의 유익은 이루 말할 수 없이 큽니다. 바로 알아야 바로 믿을 수 있으며 바로 행할 수 있기 때문입니다. 소요리문답의 내용도 같은 형식으로 구성되어 있습니다. 먼저 하나님에 대해서, 구원에 대해서 알아야 할 내용들을 제시하고 있습니다. 또한 중반 이후로는 이 신앙의 내용을 알게 된 사람들이 어떻게 살아야 할지를 제시하기 위해서 십계명과 성례, 주기도문에 대해서 가르치고 있습니다. 그렇기에 소요리문답의 내용을 잘 공부한다면 우리가 하나님과 믿음에 대해서 반드시 알아야 할 내용들을 배우게 되며, 또한 그리스도인으로서 어떻게 살아야 할지에 대해서 배우게 됩니다.

이 교재는 웨스트민스터 소요리문답의 내용을 일 년, 48주 동안 배울 수 있도록 구성했습니다. 또한 각 문항들의 내용을 논리적으로 배울 뿐만 아니라 나아가서 배운 내용을 삶 속에서 실천하기 위한 과제들을 제시하고 있습니다. 일 년 간 이 내용들을 잘 배우고 실천과제들을 잘 해결한다면 이 땅에서 살아가는 동안 그리스도인으로서 하나님과 동행하는 삶을 살 수 있는 힘을 얻게 될 것입니다.

이 교재를 통하여, 하나님과 믿음에 대해서 바르게 배울 수 있기를 바랍니다. 그리고 이를 통해 앎과 삶이 일치하는 그리스도인으로 자라갈 수 있기를 기대하면서 이 책을 시작합시다.

2014년 7월
저자 정요한

시작하기에 앞서

1. 매 과는 문답 ⇨ 읽어 봅시다 ⇨ 생각해 봅시다 ⇨ 문답 내용의 이해 ⇨ 정리해 봅시다 ⇨ 실천해 봅시다의 순서로 구성되어 있습니다.

2. 문답은 선생님이 문을, 학생들이 답을 읽도록 해서 실제로 문답이 되게 합니다. 문답의 내용은 가능하면 외울 수 있도록, 적어도 어떤 내용인지 숙지할 수 있도록 지도합니다.

3. '읽어 봅시다'는 문답과 관련된 성경의 이야기입니다. 간략한 설명을 붙였는데 그대로 쓰셔도 되고 가르치는 분이 편집하거나 첨삭해서 이야기를 해 주셔도 되고, 설교를 소요리문답으로 하게 되면 생략하셔도 무방합니다.

4. '생각해 봅시다'는 문답의 내용과 관련해서 평소에 어떤 생각을 가지고 있었는지 확인하는 부분입니다. 어떻게 생각하고 있었는지, 또는 이런 생각 자체가 평소에 관심사였는지 그렇지 않은지 정도를 확인하고 넘어가시면 됩니다. 이 부분은 정답이 없으며 학생들의 생각을 확인하고 넘어가면 됩니다. 다만 모든 참여자들이 이와 관련해서 한두 마디 자신의 생각을 이야기할 수 있도록 지도해 주세요.

5. 문답 내용의 이해 부분이 본문이라 할 수 있습니다. 이 부분은 주로 문답과 관련한 질문을 던지고 성경 구절을 읽고 생각해서 답을 구하는 식으로 진행이 됩니다. 인도자가 먼저 성경 구절을 찾아서 읽고 메모해 놓고 생각을 정리하고 수업을 진행하면 됩니다. 질문을 기억하면서 제시된 구절을 주의 깊게 읽고 묵상하시면 답을 얻을 수 있습니다. 본 지침서는 주로 이 부분에 대한 생각 나눔을 제시하려고 합니다.

6. '정리해 봅시다'는 문항의 내용을 한두 문장으로 요약하는 곳입니다. 빈칸을 채우면서 기억해 두면 문항의 내용을 숙지할 수 있게 됩니다.

7. '실천해 봅시다'는 제가 사역하던 교회 청소년들을 대상으로 이 교재를 활용하며 함께 생각하고 제시한 실천 과제들입니다. 각자의 교회 사정과 환경, 형편이 다를 수 있으므로 꼭 여기서 제시하는 실천과제를 고집하기보다는 참고해서 각자의 형편대로 편집하여 사용하시기를 권합니다. 반드시 현실적으로 그 주간에 실천할 수 있는 과제 한두 가지를 제시해 주시기 바랍니다. 학생들과 토론해서 실천과제를 직접 정할 수 있으면 가장 이상적인 방법이 되리라 생각합니다.

웨스트민스터 소요리 문답의 구조에 관하여

1. 소요리문답 공부에 앞서 소요리문답의 구조를 파악하는 것은 매우 중요합니다. 문답의 내용들은 서로 관심 없는 파편화된 지식의 나열이 아니라 각 문항들이 서로 유기적으로 연결되어서 하나님의 진리를 우리에게 논리적으로 전달해 줍니다. 전체 107문항이 완벽한 순서로 나열되어 있으며 각자의 위치에서 제 역할을 하고 있습니다. 여기서는 그 구조에 대해서 잠깐 살펴보겠습니다.

2. 소요리문답은 인간을 지으신 목적에 대한 질문으로 그 문을 엽니다. 인간의 목적은 하나님을 영화롭게 하고 그분을 즐거워한다는 것입니다. 그리고 이어서 그 목적을 위해서 하나님이 인간에게 주신 방법이 성경임을 가르치고 성경의 내용은 하나님을 어떻게 믿을 것이며 인간이 어떻게 행할 것임을 가르치고 있습니다. 이것이 1~3문항까지의 내용이며 소요리문답의 서론이라 할 수 있습니다.

3. 다음 4~38문까지는 성경의 첫 번째 가르침인 하나님을 어떻게 믿을 것인가 하는 내용을 제시하고 있습니다. 4~6문은 하나님의 성품과 삼위일체를 가르치며 7~11문은 하나님의 작정과 성취를 가르칩니다. 12문부터 19문까지는 섭리의 대상이었지만 이를 거부한 인간의 죄와 타락과 비참함에 대해 가르칩니다. 그리고 20~28문은 그 죄와 비참함에서 건지신 그리스도의 사역에 대해 가르치며 29~38문은 이를 적용하시는 성령의 사역과 이를 적용받은 그리스도인의 유익에 대해 가르칩니다.

4. 소요리문답의 세 번째 단락이라고 할 수 있는 39~107문은 성경의 두 번째 가르침인 하나님이 인간에게 요구하시는 의무에 대해 가르치고 있습니다. 먼저 39~41문은 하나님이 인간에게 제시하신 도덕법에 대해 가르치며 42~81문은 이를 구체적으로 제시하신 십계명을 강해합니다. 특히 45~81문은 십계명 각각의 문항을 가르치는데 45~62까지는 하나님에 대한 의무를 예배를 중심으로 제시하고 있으며 63~81까지는 사람에 대한 의무를 신약과 그리스도의 가르침을 중심으로 재해석해서 가르치고 있습니다.

5. 82문부터 마지막 107문까지를 네 번째 단락으로 구분할 수 있는데 여기서는 인간이 계명을 지킬 수 없으며 바로 그것 때문에 그리스도께서 사용하시는 은혜의 방편인 말씀과 성례와 기도를 사용해야 함을 가르칩니다. 82~84문은 우리가 죄를 짓고 가증한 가운데 있음을 가르치며 85~88문은 이 죄 때문에 받을 진노와 저주를 피할 방법을 제시합니다. 그리고 89~107문은 이를 위해서 그리스도께서 사용하시는 은혜의 외적인 수단으로서의 말씀과 성례와 기도를 가르칩니다. 특히 100~107문까지는 그리스도의 외적인 수단 중 기도에 대한 가르침으로 주기도문을 강해하는 것으로 문답을 마치고 있습니다.

웨스트민스터 소요리문답의 문항과 구분

대단원	소단원	문항핵심	교재 권	교재의 과
1 서론	1 서론	1. 인생의 목적	1권 하나님은 누구신가	1. 인생의 첫 번째 목적
		2. 유일한 규칙인 성경		2. 유일한 규칙
		3. 성경이 가르치는 두 가지		3. 성경의 가르침
2 하나님을 어떻게 믿을 것인가	2 하나님	4. 하나님의 공유적, 비공유적 성품		4. 하나님의 성품
		5. 한 분이신 하나님		5. 하나이자 셋이신 하나님
		6. 삼위일체 하나님 7. 하나님의 작정		6. 하나님의 작정과 성취
		8. 작정의 성취 : 창조와 섭리 9. 창조		7. 하나님의 창조
		10. 인간의 창조 11. 하나님의 섭리 12. 인간에게 행하신 섭리 : 언약		8. 하나님의 섭리
	3 인간과 죄	13. 타락 14. 죄 15. 원죄		9. 인간의 타락
		16. 죄의 전가 17. 죄와 비참함		10. 죄의 전가
		18. 원죄와 자범죄 19. 타락의 비참함		11. 죄와 비참함
		20. 은혜의 언약		12. 인류 구원을 위한 은혜의 언약
	4 그리스도	21. 구원자 22. 신이자 인간	2권 구원자 그리스도	13. 구세주 예수 그리스도
		23. 삼중직 24. 선지자		14. 그리스도의 삼중직, 선지자
		25. 제사장 26. 왕		15. 제사장이자 왕이신 예수님

대단원	소단원	문항핵심	교재 권	교재의 과
		27. 그리스도의 낮아지심(비하)		16. 그리스도의 낮아지심
		28. 그리스도의 높아지심(승귀)		17. 그리스도의 높아지심
	5 성령님과 구원의 서정	29. 구속에의 참여 30. 성령님의 적용		18. 구속에의 참여
		31. 효력 있는 부르심		19. 효력 있는 부르심
		32. 부르심 받은 사람들이 받는 이생애 서의 유익 33. 칭의		20. 의롭다 하심
		34. 양자됨 35. 거룩하게 됨		21. 양자됨과 거룩하게 됨
		36. 그 밖의 유익들		22. 그 밖의 유익들
		37. 죽을 때 받는 유익들		23. 죽을 때 받는 유익들
		38. 부활 때 받는 유익들		24. 부활할 때 받는 유익들
	6 도덕법과 십계명	39. 무엇을 요구하시는가? 40. 도덕의 법칙 41. 십계명		25. 사람에게 요구하시는 것
		42. 십계명이 핵심 43. 십계명의 머리말 44. 머리말의 가르침		26. 십계명의 핵심과 머리말
	7 십계명 - 1. 하나님을 사랑하라	45. 1계명 46. 1계명의 요구 47. 1계명의 금지 48. 나 외에	3권 어떻게 살 것인가?	27. 나 외에 다른 신을…
		49. 2계명 50. 2계명의 요구 51. 2계명의 금지 52. 2계명의 이유		28. 우상에게 예배하지 말라

대단원	소단원	문항핵심	교재 권	교재의 과
		53. 3계명		
		54. 3계명의 요구		
		55. 3계명의 금지		29. 이름을 망령되게 부르지 말라
		56. 3계명의 이유		
		57. 4계명		
		58. 4계명의 요구		
		59. 안식일		30. 안식일을 거룩하게
		60. 안식을 거룩하게		
		63. 5계명		
		64. 5계명의 요구		
		65. 5계명의 금지		31. 부모를 공경하라
		66. 5계명이 필요한 이유		
		67. 6계명		
		68. 6계명의 요구		32. 살인하지 말라
		69. 6계명의 금지		
	8 십계명 - 2. 이웃을 사랑하라	70. 7계명		
		71. 7계명의 요구		33. 간음하지 말라
		72. 7계명의 금지		
		73. 8계명		
		74. 8계명의 요구		34. 도둑질하지 말라
		75. 8계명의 금지		
		76. 9계명		
		77. 9계명의 요구		35. 거짓 증거하지 말라
		78. 9계명의 금지		
		79. 10계명		
		80. 10계명의 요구		36. 이웃의 소유를 탐내지 말라
		81. 10계명의 금지		
		82. 명령을 지킬 수 있는가?		37. 그 명령을 완전히 지킬 수 있는가?

대단원	소단원	문항핵심	교재 권	교재의 과
	9 계명을 범한 대가	83. 명령을 어긴 죄		
		84. 죄의 대가 : 진노와 저주		38. 죄의 대가와 이를 피하는 법
	10 신자에게 주시는 은혜	85. 진노와 저주를 피하기 위해		39. 은혜의 방편
		86. 믿음		
		87. 생명에 이르는 회개		
		88. 그리스도의 외적인 방법들		
	11 은혜의 방편	89. 말씀	4권 그리스도인의 신앙생활	40. 그리스도의 방법, 말씀
		90. 어떻게 말씀을 읽고 듣는가		
		91. 성례		41. 그리스도의 방법, 성례
		92. 성례의 의미		
		93. 세례와 성찬		
		94. 세례		42. 세례란 무엇인가?
		95. 세례를 누구에게 베푸는가		
		96. 성찬		43. 성찬이란 무엇인가?
		97. 성찬에 합당하게 참여하는 것		
		98. 기도		44. 그리스도의 방법, 기도
		99. 기도의 지침, 주기도문		
		100. 주기도문의 서론		45. 주기도문 1
		101. 첫 번째 간구		
		102. 두 번째 간구		46. 주기도문 2
		103. 세 번째 간구		
		104. 네 번째 간구		47. 주기도문 3
		105. 다섯 번째 간구		
		106. 여섯 번째 간구		48. 주기도문 4
		107. 주기도문의 결론		

추천사

웨스트민스터 소요리문답은 지난 수백 년 간 장로교회가 사용해 온 가장 중요한 교리문답 가운데 하나입니다. 이 책은 다소 딱딱하게 느껴질 만한 문답의 내용을 스스로 생각하며 공부할 수 있도록 도와줄 것입니다. 신앙의 기초를 다지고 싶거나 새롭게 우리의 믿음을 확인하고자 하는 그리스도인들, 특히 청소년들에게 많은 유익을 줄 것으로 확신합니다.

—김광열 교수, 총신대학교 신학과 조직신학

오늘날 기독 어린이, 청소년, 성인에 이르기까지 많은 성도들이 기독교의 기본 진리에 대한 이해가 부족한 것을 볼 수 있습니다. 매 주일마다 설교를 듣고, 주일학교에 다녀도, 성경의 기본적 진리에 대한 질문을 하면, 답을 못하는 경우가 많아 안타까움을 느끼곤 했습니다. 웨스트민스터 소요리문답을 자기주도적으로 학습할 수 있도록 발간된 이 교재가 기독교 진리의 기초를 쌓는 데 많은 도움이 되기를 바랍니다.

—김희자 교수, 총신대학교 기독교교육과

차례

하나님은 누구신가?

인생의 첫 번째 목적

핵심교훈 : 삶을 살아가면서 여러 가지 목적이 있지만 그중 가장 크고 중요한 것은 하나님의 영광을 세상에 반영하며 하나님 자신을 우리의 기쁨으로 살아가는 것이다.

제1문 사람의 제일 되는 목적은 무엇입니까?

답 사람의 제일 되는 목적은 하나님을 영화롭게 하고 그분을 영원토록 즐거워하는 것입니다.

생각해 봅시다

1. 여러분의 장래 희망은 무엇입니까? 왜 그것을 장래 희망으로 정했나요?

2. 일주일을 살면서 가장 즐거운 시간은 언제입니까? 왜 그런가요?

3. 소요리문답은 우리 인생의 가장 중요한 목적이 하나님을 영화롭게 하고, 그분을 즐거워하는 것이라고 가르치고 있습니다. 무슨 뜻일까요? 적어 봅시다.

하나님을 영화롭게

• 하나님을 영화롭게 한다는 것은 우리에게 어떤 능력이나 가치가 있다는 선언이 아닙니다. 하나님께서 영광이 부족하셔서 우리가 그 부족한 부분을 채우는 것도, 그분의 완전한 영광에 우리가 더 큰 영광을 더해 드리는 것도 아닙니다. 하나님은 이미 그 상태 그대로 완벽하고 완전한 영광을 가진 분이십니다. 우리가 그분을 영화롭게 해 드리는 것은 다만 그분의 영광을 온 세상에 전파하는 것일 뿐입니다. 거울로 햇빛을 반사해 어두운 곳을 비출 때 거울 스스로가 빛을 내는 것이 아니라 단지 햇빛을 받아서 반사하는 것처럼 우리도 하나님의 영광을 세상을 향해 반사하는 거울이 되어야 합니다.

1. 시편 19:1을 읽어 봅시다.

   (1) 하늘과 궁창이 하는 일이 무엇입니까?

   > 하늘과 궁창은 하나님의 영광을 선포하고 그 하신 일을 나타낸다. 무생물일지라도 각자 자신의 자리에서 자신의 방법으로 하나님께 영광을 돌린다.

   (2) 이 구절에서 말한 하나님을 영화롭게 한다는 것은 어떤 의미일까요?

   > 하나님은 영광이 부족하거나, 우리가 어떤 일을 해서 하나님의 영광을 더하는 것이 아니다. 어떤 새로운 일로 하나님께 영광을 더한다는 의미가 아닌 하나님의 영광을 세상에 선포하고 하나님이 하신 일을 세상에 나타내는 것이다. 거울이 빛을 반사하듯, 하나님의 빛을 세상에 반사하는 것이 하나님을 영화롭게 하는 것이다.

2. 요한복음 17:4에서 하나님을 영화롭게 하는 것은 어떤 일이라고 가르치십니까?

   > 하나님이 하라고 주신 일을 세상에서 하는 것이 하나님을 영화롭게 하는 것이다.

3. 우리가 어떻게 하는 것이 하나님을 영화롭게 하는 것이 됩니까?

   > 하나님의 영광을 세상에 반사해야 한다. 공부나 직업, 가정이나 사회생활을 통해서 하나님이 우리에게 하라고 주신 일을 이루어야 한다.

영원토록 즐거워하라

- 여러분의 가장 큰 즐거움은 무엇입니까? '성경은 우리의 즐거움이 주께만 있다고 가르칩니다. 하나님은 우리를 창조하신 분이시고 우리는 그분과 함께 있을 때에만 완전해질 수 있기 때문에, 그분을 알고 그분과 동행하는 것만이 참되고 가장 큰 즐거움이 될 수 있습니다.

1. 하나님을 즐거워하기 위해서는 우리의 생각이 달라져야 합니다. 나의 만족과 욕심에 집중하면 기쁨의 근원이신 하나님이 주시는 즐거움을 누릴 수 없습니다. 시편 73:25~28을 읽어 봅시다.

   (1) 하늘에서는 (주) 외에 누가 내게 있으리요, 땅에서는 (주)밖에 내가 (사모)할 이 없나이다.

   (2) 하나님께 (가까이)함이 내게 (복)이라.

   (3) 진정한 즐거움을 얻기 위해서 어떻게 해야 합니까?
   세상이 어떤 즐거움을 준다는 생각을 바꿔서 진정한 기쁨은 하나님만이 주신다는 것을 인정해야 한다. 하나님을 가까이 하는 것 자체를 우리의 복과 기쁨으로 삼아야 한다.

2. 요한복음 1:12에서 어떻게 하면 하나님의 자녀가 된다고 가르쳐 주십니까?

   (1) (영접)하는 자, 곧 그 (이름)을 (믿는) 자들에게는…

   (2) 초대교회 시대에는 예수님의 이름을 믿는다는 것은 죽음의 위협 앞에서도 그 이름을 부인하지 않는다는 '목숨을 건 믿음'이라는 의미를 가지고 있었습니다. 우리에게도 이러한 믿음이 있을까요?
   초대교회 시대에는 예수님의 이름을 믿는다는 것은 죽음의 위협 앞에서도 하나님을 믿되 장식품처럼 여기는 것이 아니라 고난과 괴로움이 닥쳐와도 그때에도 하나님을 부인하지 않고 그분을 믿으며 그것만으로 기쁨을 삼을 수 있어야 한다.

   (3) 진정한 기쁨을 누리기 위해서 우리는 어떻게 해야 합니까?
   하나님을 믿되 장식품처럼 여기는 것이 아니라 고난과 괴로움이 닥쳐올 때에도 하나님을 부인하지 않고 그분을 믿으며 그것만으로 기쁨을 삼을 수 있어야 한다.

정리해 봅시다

하나님을 믿는 우리들에게는 인생에 여러 가지 목적이 있겠지만, 가장 중요한 목적은 하나님을 영화롭게 하고, 그분을 즐거워하는 것입니다. 하나님을 영화롭게 한다는 말의 뜻은 그분의 (영광)을 (거울)과 같이 (반사)하는 것입니다. 그리고 하나님을 즐거워하기 위해서 우리는 하나님의 이름을 (믿고), 하나님께 (가까이)해야 합니다.

실천해 봅시다

1. 장래 희망이 무엇입니까? 그것을 통해서 어떻게 하나님을 영화롭게 할 수 있을지 생각해 봅시다.
2. 일주일 중 가장 즐거운 때는 언제이고 가장 즐거운 일은 무엇입니까? 그것을 하는 시간의 1/10을 하나님의 말씀을 읽고 기도하는 데 할애해 봅시다.

끝마침 : 하나님을 영화롭게 하는 것은 하나님의 영광을 세상에 반사하는 것임을 다시 한번 강조하자.

유일한 규칙

핵심교훈 : 첫 번째 문항을 실천하기 위해서 하나님께서 우리에게 방법을 알려주셨는데 그것은 66권 신구약 성경에 기록되어 있다.

제2문 하나님을 영화롭게 하고 즐거워하도록 인도하시려고 하나님께서 우리에게 주신 규칙은 무엇입니까?

답 하나님을 영화롭게 하고 즐거워하도록 인도하시려고 하나님께서 우리에게 주신 유일한 규칙은 성경인데, 이는 하나님의 말씀이고 구약과 신약으로 되어 있습니다.

읽어 봅시다
디모데후서 3:13~17
바울은 자신의 죽을 날이 가까워 옴을 알고 자신의 영적인 아들 디모데에게 배우고 확신한 일, 즉 성경 안에 거하라고 당부합니다. 왜냐하면 성경은 인간의 창작물이 아닌 하나님의 감동으로 쓰여졌고 이를 읽고 묵상하는 자를 교훈하고 책망하며 바르게 하고 의로 교육하기 때문입니다. 온전한 하나님의 사람이 되어 선한 일을 하기 위해서 우리는 반드시 성경을 읽고 묵상하고 그 말씀에 따라야 합니다.

생각해 봅시다

1. 지난 시간에 인간 삶의 가장 중요한 목적에 대해서 배웠습니다. 하나님을 영화롭게 하기 위해서 우리의 삶의 목적을 어떻게 하기로 결단했습니까?

2. 하나님을 기뻐하기 위해 일주일 간 실천하기로 한 내용을 적어 보고 어떻게 했는지 친구들과 이야기해 봅시다.

3. 하나님을 영화롭게 하고 기뻐하는 것을 우리 인생의 제일 되는 목적으로 삼기 위해서 우리는 어떻게 해야 할까요? 자기가 생각하는 것을 적어 봅시다.

하나님을 아는 지식, 성경

- 아담의 범죄 이후 하나님에 대한 지식은 감추어졌습니다. 인간은 아무리 노력하고 발버둥쳐도 하나님을 알 수 없었습니다. 그런 인간들을 불쌍히 여기신 하나님은 그들에게 성경을 주셔서 자신이 어떤 분이신지 알려 주십니다. 성경은 하나님에 관해서 인간에게 알리고 싶은 모든 것이 완전하고도 완벽하게 들어 있는 책입니다. 우리가 하나님에 관해서 알아야 할 모든 것이 성경에 들어 있습니다. 그렇기에 성경 이외에 다른 어떤 것도 우리에게 더 이상 필요하지 않습니다.

1. 하나님을 아는 지식에 이르기 위해서는 인간의 슬기와 지혜가 도움이 되지 않습니다. 하나님을 알게 하는 것은 오직 하나님의 방법으로만 가능한데, 그것은 하나님이 인간에게 주신 책, 성경으로만 가능합니다.

2. 디모데후서 3:15~17절은 누가 성경을 썼고 어떤 효능이 있는지에 대해 알려 주고 있습니다. 정리해 봅시다.

    (1) 누구에 의해 : 하나님의 감동으로 쓰여진 하나님이 저자이신 책.

    (2) 효능 : ① 교훈 ② 책망 ③ 바르게 함 ④ 의로 교육함

3. 성경은 무엇을 위해서 쓰인 책입니까?(요한복음 20:31, 누가복음 24:27)
    하나님의 사람으로 온전해지고 모든 선한 일을 온전하게 할 수 있게 하기 위하여. 먼저 하나님의 사람을 만들고 두 번째로 그 하나님의 사람이 하나님의 일, 즉 선한 일을 하는 데 온전할 수 있도록 해주는 것이 성경의 저술 목적이다.

4. 우리는 이 성경을 어떻게 해야 할까요?(요한계시록 1:3, 신명기 4:2)

읽고, 듣고, 행해야 한다. 읽고 들음으로써 지식을 채우는 것으로 온전하지 않고 반드시 그 말씀에 충성하여 실천해야 한다.

영원토록 즐거워하라

• 인간의 첫 번째 목적인 하나님을 영화롭게 하고 즐거워하기 위해서는 그것을 행할 수 있는 규칙이 필요합니다. 아무리 우리가 열심을 가지고 노력한다 해도 하나님의 뜻을 알지 못하면 그분을 영화롭게 할 수도, 즐거워할 수도 없습니다. 하나님은 자신을 영화롭게 하는 방법과 즐거워할 수 있는 이유를 성경을 통해 우리에게 알려 주셨습니다. 우리는 성경대로 하나님을 섬기고 성경대로 그분을 즐거워해야 합니다.

1. 하나님을 영화롭게 하기 위해서는, 즉 하나님의 영광을 세상에 반사하기 위해서는 먼저 그분이 어떤 영광을 가진 분이신지, 그분이 어떤 분이신지 알아야 합니다. 또한 그분을 잘 섬겨야 합니다. 다음 구절들을 찾아서 요약해 봅시다.

   (1) 베드로전서 1:10, 11

   그냥 대충 읽고 넘어가는 것이 아니라 깊이 연구하고 부지런히 살펴야 한다.

   (2) 로마서 10:17

   성경의 말씀을 잘 들을 뿐 아니라, 그 말씀을 믿어야 한다.

   (3) 사도행전 17:11

   간절한 마음으로 받아들일 뿐만 아니라 그 말씀이 실제로 그러한지 항상 스스로 성경을 살피고 연구해야 한다.

2. 하나님을 기뻐하기 위해서 우리가 어떻게 해야 할지 성경은 우리에게 가르쳐 주고 있습니다. 다음의 구절들을 찾아서 읽고 요약해 봅시다.

   (1) 요한일서 1:3~4

   하나님을 기뻐하기 위해서는 먼저 예수 그리스도와의 사귐이 있어야 한다.

   (2) 요한복음 15:11

   이 두 문항을 종합적으로 살펴보자면, 우리 안에 기쁨이 충만하기 위해서는 예수 그리스도와의 사귐이 우리에게 있어야 하는데 그 사귐은 오직 성경을 읽고 따를 때에만 일어나는 사귐이다.

정리해 봅시다

하나님을 영화롭게 하고 그분을 즐거워하기 위해서 하나님께서 우리에게 방법을 가르쳐 주셨습니다. 그것은 (성경)입니다. 오직 (말씀)을 (읽고), (듣고), (행하는) 사람만이 하나님을 알고, 믿고, 하나님의 사람으로 살 수 있습니다.

실천해 봅시다

1. 일주일에 두 번 이상 성경 읽는 시간을 정해서 정기적으로 읽도록 합시다.
2. 제시되는 암송구절을 철저히 외웁시다.

끝마침 : 성경은 하나님의 말씀이며 하나님의 영광을 세상에 반사하는 방법을 알려주는 책임을 강조하자.

성경의 가르침

핵심교훈 : 성경이 우리에게 구체적으로 가르치려고 하는 내용은 크게 두 가지인데, 첫 번째는 하나님을 어떻게 믿을 수 있느냐는 것이고, 두 번째는 피조물인 인간에게 하나님이 요구하시는 삶의 방법이 무엇이냐는 것이다.

제3문 성경이 가장 중요하게 가르치는 것은 무엇입니까?

답 성경이 가장 중요하게 가르치는 것은 사람이 하나님에 관하여 반드시 믿어야 할 것은 무엇이며 하나님이 사람에게 요구하시는 것은 무엇인가 하는 것입니다.

읽어 봅시다
느헤미야 8:1~18

바벨론에서 돌아온 느헤미야는 성벽을 다시 쌓고 백성들에게 성경을 읽어 줍니다. 그 성경 말씀 앞에서 이스라엘 백성들은 자신들의 죄를 깨닫고 참회의 눈물을 흘립니다. 이에 느헤미야와 에스라는 하나님의 성일에 울 것이 아니라 기뻐해야 함을 가르칩니다. 성경의 말씀을 들을 때 한편으로는 자신의 죄가 그 앞에 낱낱이 밝혀져서 눈물을 흘릴 수밖에 없지만 다른 한편으로는 그 죄를 사하여 주실 방법과 앞으로 살아갈 길을 발견할 수 있기에 기뻐할 수 있게 됩니다.

생각해 봅시다

1. 지난 시간에는 하나님을 영화롭게 하고 즐거워하기 위하여 성경을 읽기로 했습니다. 한 주간 얼마나 이 약속을 지켰습니까?

2. 성경을 읽는 것으로 만족할 수 있을까요? 아니면 그 외의 다른 것이 필요할까요? 여기에 대해서 자신의 생각을 써 봅시다.

하나님을 믿게 하는 책, 성경

• 성경은 소설이나 수필처럼 재미나 즐거움을 주기 위해 쓰인 책이 아닌, 우리를 가르치기 위한 책입니다. 성경을 읽을 때 우리는 먼저 하나님을 믿는 것이 어떤 것인지를 알게 됩니다.

1. 요한복음 5:39로 미루어 볼 때, 믿는다는 것은 어떤 의미를 가지고 있습니까?

   예수님에 대해서 알게 함으로 영생을 얻게 되는 것이다. 그 앎은 우선은 성경에 대한 지식을 전제로 하며 나아가 성경 말씀의 준행을 통해 얻는 예수님과의 인격적인 교제로 말미암는다.

2. 로마서 10:17을 다시 읽고 믿음의 근원이 어디에 있는지 써 봅시다.

   들음에서 나고 그리스도의 말씀으로 말미암는다. 앞의 구절에서 강조했듯이 하나님의 말씀을 읽고 듣고 순종하는 것이 믿음의 근거이다. 믿음의 근거는 경건한 무지가 아닌 지식이다(칼빈).

3. 믿음의 결과가 어떤 것인지 디모데후서 3:15에서 찾아서 써 봅시다.

   구원에 이르게 된다.

하나님께서 사람에게 요구하시는 본분을 알려주는 책, 성경

• 성경은 또한 믿는 백성으로 하여금 이 땅에서 어떻게 살아야 할지 가르쳐 주는 책입니다. 하나님을 믿는 믿음이 있다면 앞으로 천국에서뿐만 아니라, 지금 이 세상에서도 역시 하나님의 백성으로 살아야 합니다. 대한민국의 사람이 대한민국의 법을 지켜야 하는 것처럼 하나님의 백성은 하나님의 법, 성경의 가르침을 지키며 살아야 합니다.

1. 신명기 10:12~13을 읽고 하나님께서 그 백성에게 요구하시는 것이 무엇인지 써 봅시다.

하나님을 경외하고 사랑하며 섬기고 그 명령과 규례를 지키는 것이다. 즉, 하나님을 사랑하는 것과 하나님의 명령을 지키는 것은 둘이 아니라 하나이며 같은 것이라 봐야 한다.

2. 여호수아 1:8에는 우리 인생이 형통해지는 비결이 나와 있습니다. 무엇일까요?
   하나님의 말씀을 항상, 주야로 입에서 떠나지 말게 하며 늘 지켜 행해야 한다.

3. 때때로 인생을 살아갈 때, 우리는 앞이 보이지 않는 어두운 길을 걸어가는 것처럼 느껴질 때가 있습니다. 그럴 때, 무엇으로 우리의 갈 길을 비춰서 바로 살아갈 수 있을까요? 시편 119:105를 쓰고 외워 봅시다.
   하나님의 말씀은 내 발 한 걸음 앞을 비추는 등불처럼 하루하루 매 순간 우리가 살아가며 만나는 일들과 판단의 근거가 되시며, 또한 멀리 비춰 갈 길을 확인시키는 빛처럼 우리 인생 전반을 비추는 빛이 된다.

정리해 봅시다

성경은 하나님께서 우리에게 주신 책으로 하나님을 (믿게) 하고, 또한 하나님을 믿는 하나님의 백성이 (어떻게 살아야) 할지를 가르쳐 주는 책입니다. 그러므로 날마다 성경을 (읽고) 또한 그 말씀을 지켜 (순종해야)합니다.

실천해 봅시다

1. 지난 두 주간 시간을 정해서 성경 읽기를 연습했습니다. 이것이 평생의 습관이 되도록 일주일에 성경 읽는 날과 시간을 정하도록 합시다.
2. 잠언은 특별히 하나님의 백성이 살아갈 지혜를 주는 책입니다. 잠언의 말씀을 읽고 같은 반 친구들과 분량을 정해서 써 보도록 합시다.

끝마침 : 하나님을 영화롭게 하고 즐거워하기 위해서는 하나님이 누구신지 알아야 하고 그분이 뭐라 명령하는지를 성경을 통해 배워야 함을 강조하자.

하나님의 성품

핵심교훈 : 성경이 가르치는 하나님에 관한 첫 번째 가르침은 하나님의 성품에 관한 것인데, 그것은 인간과 공유하고 계시는 공유적 성품, 존재, 지혜, 능력, 거룩, 의로우심, 선하심, 참되심의 일곱 가지이고, 이 공유적 성품에 있어서 하나님은 인간과 다르게 무한하시고 영원하시고 불변하신 방법으로 가지고 계신다. 이를 비공유적 성품이라고 부른다.

제4문 하나님은 어떤 분이십니까?

답 하나님은 그의 존재하심과 지혜로우심과 능력과 거룩하심과 의로우심과 선하심과 참되심이 무한하시고 영원하시고 변하지 않으시는 영이십니다.

읽어 봅시다
출애굽기 32:1~14

하나님의 명령으로 산에 오른 모세를 기다리다 지치고 의심에 빠진 이스라엘 백성들은, 금으로 송아지 형상을 만들고 그것이 그들을 애굽에서 인도하여 낸 하나님이라 하며 그 앞에 제사를 지냅니다. 하나님은 이스라엘 백성들을 사랑하셔서 그들의 신음 소리를 들으시고 그들을 애굽에서 건져 내셨지만 우상을 숭배하는 그들에게는 크게 분노하셨습니다. 하나님은 감정이 없이 기계적으로 존재하시는 분이 아니라 우리와 마찬가지로 성정과 성품을 가지고 계신 분이십니다.

생각해 봅시다

1. 지난 시간에 우리는 성경을 읽는 습관을 들이기 위해서 규칙적으로 성경 읽는 시간을 정하기로 했습니다. 한 주일 간 잘 실천했습니까?

2. 하나님은 우리에게 자신을 알리시기 위해 성경을 주셨다는 것을 배웠습니다. 한 주간 성경을 읽으면서 하나님이 어떤 분이라는 것을 배울 수 있었습니까?

하나님의 공유적 성품

• 하나님은 우리와 마찬가지로 인격을 지니신 인격체이십니다. 그분은 때로는 분노하시고, 때로는 슬퍼하시며, 때로는 사랑하시고, 때로는 미워하시는 분이십니다. 소요리문답은 그런 그분의 성품 가운데 매우 중요한 일곱 가지를 가르치고 있습니다. 그런데 이 일곱 가지 성품은 우리 인간들도 가지고 있는 것으로, 이것을 공유적, 또는 보편적 성품이라고 합니다.

1. 하나님의 일곱 가지 공유적 성품을 보여 주는 다음의 구절들을 찾아서 적어 봅시다.

　(1) 존재 : 출애굽기 3:14
　　하나님은 영원 전부터 영원 후까지 존재하신다. 인간은 하나님으로부터 지음받은 어느 시점부터 영원 후까지 하나님과 함께 존재한다. 영혼이 그러하고 죽어서 부패했다가도 예수님이 재림하실 때 다시 부활할 몸 역시 그러하다.

　(2) 지혜 : 로마서 11:33~34
　　하나님의 지혜는 한계가 없으시다. 인간 역시 지혜를 가지고 있어서 무언가를 배울 수 있고 또 배운 것들을 조합하여 새로운 것을 유추해 낼 수 있지만 오류가 많고 무한하지 못하다.

　(3) 능력 : 시편 62:11
　　하나님의 능력은 한계가 없으셔서 모든 일들을 하나님의 의지대로 하실 수 있다. 인간에게도 능력이 있으나 그것은 유한한데, 인생을 살아가는 데 있어서 능력이 유한하고 구원을 받음에 있어 인간의 능력은 전무하다.

　(4) 거룩 : 요한계시록 15:4
　　거룩함은 구별되었다는 뜻이다. 하나님은 피조물과 완전히 구별되어 섞이실 수 없는 분이시다. 인간도 구별되어 있다. 인간은 다른 피조물들과 다르게 창조되었다. 다른 피조물은 '있으라' 하는 하나님의 명령으로 만들어졌고 인간은 말씀이 아닌 하나님의 손으로 만들어졌다. 또한 예수님을 통해 구원받은 사람들은 그렇지 않은 사람들과 다르게 구별되었다. 그들은 영생이 약속되었고, 이 땅에서도 하나님의 법을 따라 살아야 할 의무를 지니고 있다.

(5) 의 : 신명기 32:4

하나님은 완전히 정의로우시다. 그분은 창조주이시기 때문에 그분의 행위가 정의이고 그분의 명령이 정의이다. 가장 큰 정의는 하나님의 뜻이고 가장 큰 죄는 하나님을 거부하는 것이다. 인간도 정의로울 수 있다. 그러나 그것은 완전하지 못하다. 죄로 물들어 있기 때문이고 창조주보다 자신을 더 사랑하고자 하는 본성 때문이다. 한편으로 인간에게는 정의로워야 할 의무가 있다. 구원받지 못한 자연인에게는 도덕과 양심이, 구원받은 그리스도인에게는 성령과 성경이 이 의무를 지우고 있다.

(6) 선 : 시편 100:5

정의와 마찬가지로 하나님은 창조주이시기 때문에 그분의 의도와 행위는 완전히 선하시다. 인간은 하나님의 은혜로 선할 수도 있으나 완전하지 못하다.

(7) 진실 : 히브리서 6:18

하나님은 완전히 진실되시다. 그분의 말씀은 반드시 성취되기 때문이다. 하나님의 말씀은 반드시 성취된다. 인간 역시 진실의 의무가 있지만 그 진실은 불완전하고 거짓말을 본성적으로, 의도적으로 할 수밖에 없다.

2. 하나님의 존재하심을 제외한 다른 여섯 가지 공유적 성품 가운데 가장 하나님과 닮았다고 생각하는 자신의 성품은 무엇입니까? 이유도 함께 적어 봅시다.

3. 하나님의 존재하심을 제외한 여섯 가지 공유적 성품 가운데 가장 하나님과 닮지 않은 것 같은 자신의 성품은 무엇입니까? 그 이유는?

2, 3문항은 학생들과 대화를 나누되 인도자가 먼저 자신의 삶을 드러내는 것이 필요하다.

하나님의 비공유적 성품

• 이런 일곱 가지 공유적 성품에 있어서 하나님과 인간은 차이가 있습니다. 그것은 인간의 성품은 제한적이고 일시적이며 바뀔 수 있지만, 하나님의 성품은 무한하시고 영원하시며 변하지 않으십니다. 이 세 가지, 무한하심과 영원하심, 불변하심을 일컬어 하나님만이 가지고 계신 성품, 비공유적, 또는 절대적 성품이라고 합니다.

비공유적 성품은 공유적 성품의 소유 방법에 관한 표현이라 할 수 있다. 하나님의 진실하심을 예로 들자면, 인간은 하나님과 진실함이라는 성품을 공유한다. 그러나 인간의 진실은 유한하고, 변할 수 있는 것이다. 그러나 하나님은 진실하심에 있어서 무한하시고, 영원히 진실하시며, 변하지 않는 진실하심을 소유하고 계신다. 세 가지 공유적 성품은 이런 관점에서 먼저 생각해야 한다.

1. 다음의 구절을 찾아서 읽어 보고 하나님의 무한하심이 어떤 것인지 이야기해 봅시다.

　　(1) 시편 139:7~10, 예레미야 23:24

　　　　하나님은 무소부재하신 분으로 천지 어디에도 하나님을 피하여 숨을 곳이 없다.

　　(2) 로마서 11:33~36

　　　　하나님의 지혜는 무한하다. 세상 모든 것을 하나님이 창조하셨기 때문에 세상 모든 것을 다 알고 계시며 그분에게는 숨길 수 있는 일이 없다.

　　(3) 시편 147:5

　　　　하나님은 전능하신 분이시다. 그분은 못하실 일이 없다.

2. 하나님은 영원하신 분이십니다. 요한복음 1:1, 창세기 1:1과 시편 90:2을 찾아서 읽어 봅시다.

　　시간도 하나님이 창조하신 피조물이며 하나님의 영원하심은 오랜 시간 전부터 오랜 시간 후까지 계시다는 의미가 아닌 시간 밖에서 시간을 창조하신 창조주의 영원하심이다.

3. 하나님의 변하지 않으심을 알려 주는 다음의 성경 말씀을 찾아서 읽어 보고 이것이 우리와 어떤 관계가 있을지 이야기해 봅시다.

　　(1) 말라기 3:6

　　　　하나님의 신실하심은 우리 존재와 구원의 근거가 되신다. 그분께서 우리를 변함없이 지키시기 때문에 우리가 존재할 수 있다.

　　(2) 로마서 11:29

　　　　우리의 구원에 관해서도 하나님은 변하지 않는 분이시기에 한번 구원받은 자들은 다시는 버림받을 수 없다.

• 하나님은 영이십니다. 눈으로 볼 수 없고 손으로 만질 수 없지만 인격을 지니셨고 성품을 가지신 분이십니다. 보이지 않고 느낄 수 없지만 살아계시고 계획하시며 행동하십니다. 신명기 4:15~19, 누가복음 24:39을 읽어 봅시다.

　　영은 눈에 보이지 않고 형체도 없다. 그러므로 우리는 우리의 믿음을 위해서라도 하나님을 어떤 형상에 새겨서 나타내려 해서는 안된다.

1. 눈에 보이지 않는 하나님이 우리 가운데 거하심을 나타내기 위해 우리는 어떻게 해야 합니까?(요한1서 4:12)

   눈에 보이는 형제를 사랑하는 방법으로 눈에 보이지 않는 하나님을 사랑할 수 있다. 왜냐하면 내 눈에 보이는 그 형제는 하나님이 지으신 존재이기 때문이다.

2. 영이신 하나님께 우리는 어떻게 예배해야 합니까?(요한복음 4:24)

   영과 진리로, 즉 하나님의 영이신 성령님을 통해서, 또한 진리이신 예수 그리스도를 믿는 믿음으로 예배해야 한다. 성령이 임하지 않은 사람, 예수님을 알지도 못하고 믿지도 못하는 사람들이 드리는 예배는 헛된 것이다.

정리해 봅시다

하나님은 (영)이십니다. 그분은 눈에 보이지 않고 손으로 만질 수 없지만 우리와 같은 (성품), 즉 (존재), (지혜), (능력), (거룩), (의로우심), (선하심), (참되심)을 가지고 계십니다. 그리고 우리와는 다르게 이런 성품이 (무한하고), (영원하고), (불변)하십니다.

실천해 봅시다

1. 한 주간 성경을 읽으면서 위에서 배운 내용 이외에 하나님의 다른 성품이 어떤 것이 있는지 찾아봅시다.

2. 하나님의 성품을 닮기 위해서 스스로 노력할 것이 어떤 것이 있는지 서로 이야기하고 실천해 봅시다.

끝마침 : 하나님과 공유하고 있는 성품에 있어 더욱 하나님이 원하시는 바를 따라야 함을 강조하자.

하나이자 셋이신 하나님

핵심교훈 : 한 분이신 하나님은 세 위격으로 존재하시며, 본체가 하나이시며 영광과 권능은 동일하시다. 우리는 피조물로서 하나님을 완벽하게 알 수 없음을 인정하며 하나님의 신비를 찬양해야 한다.

제5문 한 분 하나님 외에 다른 하나님이 있습니까?

답 살아계시고 참되신 오직 한 분 하나님이 계십니다.

제6문 하나님의 신격에는 몇 위가 있습니까?

답 성부, 성자, 성령, 하나님의 세 위가 한 분 하나님 안에 계십니다. 이 삼위는 한 하나님으로, 본체가 하나이시며 권능과 영광에서 동일합니다.

읽어 봅시다
출애굽기 3:1~14

동족을 괴롭히던 애굽 사람을 죽이고 도망친 모세는 미디안에서 이드로의 양 떼를 치게 되었습니다. 어느 날 신기하게도 불이 붙었으나 타지 않는 떨기나무를 본 모세는 이를 가까이에서 보려고 다가갔다가 한 음성을 듣게 됩니다. 하나님은 모세에게 자신을 스스로 있는 자라고 소개하시며 야곱의 자손들, 하나님의 백성들을 애굽에서 구하여 낼 것을 명하십니다.

생각해 봅시다

1. 성경을 읽으면서 하나님의 어떤 성품을 발견했는지 이야기해 봅시다.
2. 때때로 하나님에 대해서 이해할 수 없는 것들이 있습니다. 어떤 것들이 있었는지 이야기해 봅시다.

살아계시고 참되신, 유일하신 하나님

• 이 세상에 신은 유일하신, 오직 한 분이신 여호와 하나님만 계십니다. 그분 외에 다른 신이라고 주장하는 존재는 다 거짓입니다. 오직 여호와 하나님만이 살아계시고 참되신 신입니다.

  이 구절 전체가 가르치는 핵심은 하나님께서는 여러 신들 가운데 가장 위대하시고 강하신 분이 아니라, 다른 신은 없고 오직 하나님 한 분만이 유일하게 살아계신 신이라는 사실이다. 하나님은 여러 신들 가운데 높고 위대한 한 분이 아닌 다른 신은 없으며 오직 여호와 하나님 한 분만이 참되고 유일하신 신이다. 다른 신은 헛것이요 거짓이다.

1. 유일하게 살아계시고 참되신 하나님에 대해 가르치는 다음의 구절들을 찾아서 읽고 정리해 봅시다.
   (1) 고린도전서 8:4~6
   (2) 데살로니가전서 1:9
   (3) 이사야 44:6

삼위일체 하나님

• 하나님에 대해서 배우기 위해 우리는 먼저 한 가지 기억해야 하는 것이 있습니다. 그것은, 하나님은 창조주이시고 우리는 피조물이라는 것입니다. 우리는 하나님에 관한 모든 것을 알 수도 없고 이해할 수도 없습니다. 다만 성경에서 가르치시는 것까지 알고 이해합니다. 삼위일체의 신비도 그렇습니다. 다만 성경에서 가르치시는 것까지 배우는 겸손이 있어야 합니다.(이사야 55:8, 9)

1. 성경에는 하나님이 삼위일체이심을 보여 주는 구절들이 등장합니다. 찾아 봅시다.

  이 구절들은 삼위 하나님께서 서로 의논하시고 계획하시는 장면이 등장한다. 삼위 하나님은 서로를 완전히 아시고, 이해하시고, 사랑하시는 존재이다. 삼위 하나님은 서로의 생각을 완벽하게 알고 계시기 때문에 서로 의논하지 않아도 되는 분이시다. 그러나 성경은 삼위 하나님이 인간의 창조에 대해서, 또한 심판에 대해서 서로 의논하는 모습을 묘사함으로 이를 읽는 자들에게 삼위 하나님의 존재에 대해서 알리고 있다.

　(1) 창세기 1:26~27 인간의 창조를 의논하심.

　(2) 창세기 11:7 바벨탑을 쌓는 인간들을 징계하실 것을 의논하심.

2. 삼위일체의 신격은 성부, 성자, 성령의 세 분이십니다. 각각의 특징에 대해 성경이 말하는 바를 살펴봅시다.

　성부와 성자, 성령의 관계는 성부 하나님이 성자 예수님의 존재의 근거가 되시며, 성부와 성자가 성령 하나님의 존재의 근거가 되신다. 성부가 성자를 낳으셨다, 성부와 성자로부터 성령이 나오셨다라고 표현할 때, 이는 시간적 순서를 의미하는 것이 아니라 논리적 순서를 의미한다. 삼위 하나님은 시간 이전에, 시간을 벗어난 영원 속에 존재하시는 분이시며 세 분이 함께 시간과 만물을 창조하셨다. 세 분의 존재에 대해서 시간적으로 앞뒤를 이야기하는 것은 옳지 않다.

　(1) 성부 하나님

　　신명기 8:6, 로마서 8:15 성부 하나님은 아버지이시다.

　　히브리서 1:5, 8 성부 하나님은 영원 전에 성자 예수님을 낳으셨다.

　　창세기 1:1 성부 하나님은 창조의 주체이시다.

　(2) 성자 예수님

　　이사야 9:6 성자 예수님은 하나님이시다.

　　요한복음 1:3 성부 하나님과 함께 세상을 창조하셨다.

　　요한복음 1:14 영원 전에 성부 하나님으로부터 나오셨다.

　(3) 성령 하나님

　　요한복음 15:26 성부 하나님과 성자 예수님으로부터 나오심.

　　요한복음 3:5 신자의 거듭남에 개입하신다.('속죄의 유효한 적용' 부분에서 배울 예정)

　　요한복음 16:13 신자들을 인도하신다.

3. 세 분 하나님의 본질은 동등하십니다.

　(1) 요한복음 1:1, 2, 10:30 성부 하나님과 성자 예수님이 동등.

　(2) 로마서 8:9 성자 하나님과 성령 하나님이 동등.

4. 세 분 하나님의 권능과 영광이 동등하십니다.

(1) 마태복음 28:19 세 분 하나님의 이름으로 세례를 베풂.

(2) 요한복음 17:5 성부와 성자가 창세 전에 가졌던 영광을 공유하심.

- 삼위일체는 인간의 이성으로는 완전히 파악하기도, 이해하기도 어려운 하나님의 신비입니다. 역사적으로 삼위일체를 잘 설명하기 위한 시도들이 있었지만 잘못된 내용이 많았습니다. 그중 중요한 두 가지는 다음과 같습니다.

양태론 : 이것은 한 분 하나님이 때에 따라서 성부로 일하시거나 성자로 나타나시거나 성령으로 역사하신다는 설명입니다. 마치 아버지가 집에서는 아버지로, 직장에서는 회사원으로, 할아버지, 할머니께는 아들로 존재하는 것과 같다는 설명입니다. 그러나 하나님은 한 분 하나님이 여러 형태로 나타나시는 것이 아니라 세 분의 신격이 동시에 존재하십니다.

단일신론 : 이것은 성부 하나님이 참 하나님이고 성자, 성령 하나님은 성부 하나님의 피조물과 같다고 하는 주장입니다. 그러나 세 신격의 하나님은 동시에 존재하신 분이시고 영광과 권능이 동일하십니다. 어느 한 분이 더 위에 있는 분이 아닙니다.

정리해 봅시다

하나님은 (**영**)이시지만, 그 안에 (**성부**), (**성자**), (**성령**)의 세 위격이 존재하십니다. 이 세 하나님은 본질이 (**동일**)하시고 (**영광**)과 (**권능**)이 동등하십니다.

실천해 봅시다

1. 유일하신 하나님에 대한 신앙은 우리가 오직 하나님만을 의지할 것을 요구합니다. 일주일 간 다른 것들, 돈이나 힘이나 권력이 아닌, 하나님만을 의지하면서 살아갑시다.
2. 우리가 하나님을 알기 위해서는 성령님의 도우심이 필요합니다. 일주일 중 날짜와 시간을 정해서 하나님을 알고 의지하게 해달라는 기도를 드리도록 합시다.

끝마침 : 하나님을 다 아는 것은 피조물로서 불가능하며 이해가 안되는 부분은 신비로 남겨 두는 겸손이 있어야 함을 강조하자.

6과

하나님의 작정과 성취

핵심교훈 : 하나님은 일하시는 분이시며 계획하시고 성취하신다. 그 계획과 성취는 창조와 섭리로 나타난다.

제7문 하나님의 작정이 무엇입니까?

답 하나님의 작정은 그분의 의도로 세우신 영원한 계획입니다. 그 목적에 따라서, 하나님께서는 자기의 영광을 위하여, 일어나는 모든 일들을 미리 정하셨습니다.

제8문 하나님께서 그분의 작정을 어떻게 이루십니까?

답 하나님께서는 그분의 작정을 창조와 섭리로써 이루십니다.

읽어 봅시다
요한복음 18:1~5

예수님에게는 열두 명의 제자가 있었지만 그 가운데 한 명은 예수님을 팔아넘기는 사람이 됩니다. 그의 이름은 가룟 사람 유다입니다. 예수님께서는 이 모든 일을 이미 아시고 계셨고 자신이 어떤 고난을 당하고 어떤 죽임을 당해야 하는지도 알고 계셨습니다. 이는 이미 오래전에 계획된 하나님의 작정 안에 있었던 일입니다. 때로는 이해할 수 없는 고난과 괴로움이 닥쳐와도 하나님의 의도가 그 속에 있는 것을 경험할 때가 있습니다. 악한 사람, 악한 일마저도 하나님의 계획을 위해 선하게 쓰시는 것을 발견합니다.

생각해 봅시다

- 나를 이 세상에 보내신 하나님의 뜻은 무엇일까요? 서로 이야기해 봅시다.

작정하시는 하나님

- 하나님은 자신의 기쁘신 뜻에 따라서 자신의 영광을 위하여 일어날 모든 일들을 영원 전에 미리 정하셨습니다. 이는 마치 집을 짓기 위해 청사진을 그린 것과 같습니다. 그분은 자신의 계획을 인간을 통하여 이루어 가십니다. 청사진으로 그려진 집을 지어야 할 의무가 인간에게 있습니다.

1. 성경은 하나님의 생각과 계획이 결국 어떻게 될 것이라고 가르치고 있습니까?(시편 33:11, 이사야 14:24)
   하나님의 계획은 반드시 이루어질 것이며 하나님은 자신의 계획을 이루시기 위해 일하신다.

2. 하나님의 계획은 결국 무엇을 목표로 하고 있을까요?(에베소서 1:11~12)
   우리를 향한 하나님의 계획은 궁극적으로 자신을 찬송하는 존재가 되게 하시는 것이다. 삶의 모든 영역과 모든 순간에서 하나님을 의식하고, 의지하고, 그 뜻에 기쁘게 순종하는 존재가 되는 것이다. 즉 소요리 첫 번째 문답의 답처럼 우리가 하나님을 영화롭게 하는 존재가 되는 것이 하나님의 계획이다.

창조하시는 하나님

- 하나님은 자신의 영광을 위하여 계획을 세우셨습니다. 그분은 전능하신 하나님이시기 때문에 그분의 계획은 반드시 이루어집니다. 또한 그분은 성실하신 분이기 때문에 자신의 계획을 성취하시기 위하여 쉬지 않고 일하십니다. 그분의 계획은 역사를 통하여 창조와 섭리로 나타났습니다.

1. 하나님의 창조의 범위는 어디까지입니까? 이사야 40:26, 요한계시록 4:11을 근거로 이야기해 봅시다.
   만물이다. 세상 모든 만물이 하나님에 의해 지음을 받았다. 눈에 보이는 물리적 세계, 보이지 않는 영적 세계, 인간의 정신적 활동의 결과물 모두가 하나님께서 창조한 피조물이다.(이사야 20:23~29 참고)

2. 그렇다면 하나님의 작정과 더불어 생각해 볼 때, 이 세상 만물은 결국 무엇을 목적으로 만들어진 것입니까?
   물리적 세계뿐만 아니라 인간의 정신적 활동, 문명, 문화, 사회, 정치, 예술 등의 모든 것들을 사용해서 하나님을 영화롭게 하는 것이 만들어진 목적이다. 비록 인간의 죄로 인하여 이 목적을 상실한 상태이지만 그럼에도 하나님은 여전히 일반은총을 통해 세상을 자신의 목적대로 다스리고 계신다.(참고, 어거스틴, 신국론)

섭리하시는 하나님

- 하나님은 시계를 만들어 추를 흔들어 놓고 방치한 눈먼 시계공과 같은 분이 아니십니다. 그분은 지금도 이 세상을 주도적으로 움직여 가시는 분이십니다. 이것을 하나님의 섭리라고 부릅니다.

1. 하나님의 섭리에 관한 다음의 구절들을 찾아서 읽어 봅시다.(다니엘 4:35, 로마서 11:36)

   세상 모든 만물을 하나님이 다스리고 계시며, 하나님은 이를 자신의 영광을 위해서 사용하고 계신다. 우리를 포함한 세상 모든 만물은 하나님을 찬양하며 그분의 영광을 드러낼 때에 비로서 진정한 존재 가치를 가지게 된다.

2. 하나님의 섭리를 생각할 때 우리가 하나님께 감사하고 찬양해야 할 이유는 무엇일까요?

   정답 없이 자유롭게 서로 토론해 보자. 한 가지를 제시한다면, 하나님의 영광을 위해서 나를 만드시고, 이미 발견했건, 아직 발견하지 못했건 하나님의 영광을 드러낼 수 있는 재능과 자질을 주셨음을 감사하자.

정리해 봅시다

하나님은 자신의 (영광)을 위하여 자신의 기쁘신 (뜻)대로 세상의 모든 일을 (작정)하셨습니다. 그분은 자신의 작정을 (창조)와 (섭리)을 통해 이루십니다.

실천해 봅시다

1. 한 주 동안 일정한 날을 정해서 나를 향하신 하나님의 작정을 알고 순종하게 해 달라고 기도합시다.
2. 나를 창조하시고 지금도 섭리 가운데 이끄시는 하나님의 손길을 삶 가운데 느끼고 감사와 찬양을 드립시다.

끝마침 : 우리 삶의 모든 영역에 하나님의 계획이 있으며 이에 따르는 것이 기쁨임을 강조하자.

하나님의 창조

핵심교훈 : 하나님은 6일 동안 아무것도 없는 무에서 오직 말씀으로 세상을 창조하셨다. 사람만은 하나님의 형상을 따라 만드셨고 모든 피조물을 다스리게 하셨다.

제9문 창조가 무엇입니까?

답 창조는 하나님이 아무것도 없는 가운데 그분의 능력 있는 말씀으로 6일 동안 모든 것을 만드신 것인데 그 만드신 모든 것이 매우 좋았습니다.

제10문 하나님께서 사람을 어떻게 만드셨습니까?

답 하나님께서 사람을 만드시되 남자와 여자를 자기의 형상대로 지식과 의와 거룩함으로 만드셨고 모든 피조물을 다스리게 하셨습니다.

읽어 봅시다
창세기 1장

태초에 하나님이 천지를 창조하셨습니다. 그분은 6일 간 세상에 질서를 주시고 만물들을 말씀으로 창조하신 후에 친히 자신의 형상을 따라서 그 손으로 흙을 빚어 사람을 만드셨습니다. 그리고 사람들에게 생육하고 번성해서 땅에 충만하고 다스리라고 명령하셨습니다. 말씀으로 만들어진 이 세상과 하나님이 친히 지으신 사람들은 하나님 보시기에 매우 아름다웠습니다.

생각해 봅시다

• 하나님 보시기에 아름다운 상태는 어떤 상태일까요? 나는 하나님 보시기에 아름다운 상태일까요? 서로 이야기해 봅시다.

창조하시는 하나님

• 하나님은 세상을 향한 청사진만을 그리신 것이 아니라 그 청사진을 실제화하기 위해 일하십니다. 그 첫 번째 방법은 바로 창조입니다. 하나님은 자신의 작정을 창조 안에서 펼치십니다. 그분은 태초에 하늘과 땅을 창조하셨고 6일 간 세상의 모든 만물을 만드셨습니다. 인간이 무엇인가를 만들 때는 반드시 재료가 있기 마련입니다. 그러나 하나님은 아무것도 없는 무에서 오직 말씀만으로 모든 것을 만드셨습니다.

1. 시편 33:6, 9을 읽어 보고 세상을 만드신 하나님의 말씀은 어떤 것인가 이야기해 봅시다.
   하나님의 능력이며 일상적인 대화와 같은 것이 아닌 명령이었다. 그 명령은 창조주 하나님의 능력의 명령으로서 반드시 이루어지는 것이었다.

2. 창세기 1장을 읽고 처음 6일 동안 각각 무엇이 창조되었는지, 그것이 몇 절에 기록되었는지 살펴봅시다.
   성경을 직접 찾아서 써 보자.
   (1) 첫째 날 :
   (2) 둘째 날 :
   (3) 셋째 날 :
   (4) 넷째 날 :
   (5) 다섯째 날 :
   (6) 여섯째 날 :

3. 창조된 세계가 처음 어떤 상태였는지 다음의 구절들을 읽고 적어 봅시다.
   (1) 창세기 1:12, 18, 25
   보시기에 좋은 상태, 즉 하나님의 명령이 완벽하게 이루어진 상태이며 창조주 하나님의 뜻과 의지를 완벽하게 반영한 상태였다.

   (2) 시편 104:15

또한 하나님의 마음만이 아니라 하나님의 지으신 만물을 다스릴 청지기의 권한을 받은 인간에게 기쁨을 주는 상태였다.

(3) 디모데전서 4:4

그 창조세계는 완전히 선한 상태였다.

(4) 요한계시록 4:11

궁극적으로 창조된 모든 세계는 하나님의 뜻에 순종하고 영광과 존귀와 권능을 주님께 돌리는 상태였다.

인간을 창조하신 하나님

• 세상을 말씀으로 창조하신 하나님은 오직 인간만은 말씀이 아닌 하나님의 손으로 진흙을 빚어 만드셨습니다.

1. 하나님은 인간을 무엇에 따라 만드셨습까? 그 의미는 무엇일까요?

창세기 1:27

하나님은 인간을 하나님의 형상에 따라 지으셨다. 하나님의 성품을 닮은 존재로서 인간을 창조하셨다.

2. 하나님의 형상을 따라 지음받았다는 의미는 성경의 다음 구절들이 설명해 주고 있습니다. 다음의 성경구절을 찾아서 읽어 보고 성경이 말하는 '하나님의 형상'의 의미를 이야기해 봅시다.

특별히 소요리문답에서는 이를 지식과 의와 거룩함이라고 표현하고 있다.

(1) 골로새서 3:10

인간의 지식은 하나님을 닮아 만물을 꿰뚫어보는 지식이었다.(창세기 2:19, 20 참조)

(2) 에베소서 4:24

인간의 의는 하나님의 공의로운 성품을 만족시키는 의였고 하나님이 피조물과 구별되는 존재이듯이 인간도 다른 피조물과 구별된 거룩한 존재로 창조되었다.

3. 하나님은 인간을 창조하시고 세상을 다스릴 권한을 인간에게 주셨습니다. 그것은 한편으로는 명령이었지만 다른 한편으로는 하나님의 주인으로서의 권리를 빌려준 것이었습니다. 인간은 다른 피조물과 같은 위치에서 하나님의 통치를 받아야 하는 존재인 것만이 아니라 다른 피조물의 대표로서 하나님과 언약을 맺고, 또한 하나님

의 통치권을 위임받아서 세상을 다스려야 하는 의무를 지닌 존재가 되었습니다. 이 특권과 의무는 인간의 타락에도 불구하고 사라지지 않고 계속되고 있습니다. 이는 노아에게 하신 하나님의 명령을 통해서 확증됩니다. 인간에 대한 하나님의 명령이 어떤 것인지 찾아서 읽고 정리해 봅시다.(창세기 1:28, 9:1~7)

생육하고 번성하며 충만하고 정복하여 다스리라는 명령이다. 아담과 노아에게 동일한 약속을 주셨다는 사실은 이 명령이 끝나지 않았음을 보여준다. 인간은 지금도 하나님의 창조물인 이 세상을 다스리고 하나님의 청지기가 되어서 보존하고 통치해야 할 의무가 있다. 과학적인 발전, 환경의 보전 등의 문제에 관심을 가져야 하는 이유가 여기에 있다.

정리해 봅시다

하나님은 (**말씀**)으로 세상을 6일 만에 (**창조**)하셨습니다. 또한 마지막 날 자신의 (**형상**)대로 인간을 창조하시되 (**지식**)과 (**의**)와 (**거룩함**)으로 하시고, 그로 하여금 피조물을 (**다스리게**) 하셨습니다.

실천해 봅시다

1. 우리 주변에서 발견할 수 있는 창조의 아름다움을 찾아 보고 즐기고, 하나님께 감사하는 한 주가 됩시다.
2. 세상을 다스리라고 명령하신 하나님의 명령을 우리는 어떻게 적용할 수 있을지 생각해 보고 순종하는 한 주가 됩시다.

끝마침 : 하나님이 세상의 창조주이시며 우리는 그분의 지식과 의와 거룩함을 따라 만들어진 피조물임을 강조하자.

8과

하나님의 섭리

핵심교훈 : 하나님의 섭리는 보존과 통치로 나타난다. 인간에 대한 섭리는 최초의 행위 언약으로 나타났는데, 이는 순종할 때는 생명이, 거부할 때는 죽음이 약속된 언약이었다.

제11문 하나님의 섭리는 무엇입니까?

답 하나님의 섭리는 그분의 완전한 거룩과 지혜와 능력으로 모든 창조물과 모든 행위를 보존하시며 통치하시는 것입니다.

제12문 사람이 창조되었을 때에 하나님께서 그에게 특별히 행하신 섭리가 무엇입니까?

답 창조 후 하나님은 사람과 언약을 맺으셨는데 만일 그가 완벽하게 복종한다면 그에게 생명을 주신다는 것이었습니다. 하나님은 사람에게 선과 악을 알게 하는 나무의 열매를 먹지 말 것을 명하시고, 그렇지 않다면 죽는다고 말씀하셨습니다.

읽어 봅시다
여호수아 10:15
여호수아가 가나안에서 정복전쟁을 하던 중, 기브온과 화친했다는 소식을 들은 아모리 족속의 다섯 왕(예루살렘 아도니세덱, 헤브론 호함, 야르뭇 비람, 라기스 야비아, 에글론 드빌)이 연합하여 대적하였습니다. 그들과 싸울 때에 하나님께서 큰 우박을 내리셔서 이스라엘 군사의 칼에 죽은 적군보다 우박에 맞아 죽은 적군이 더 많게 하셨으며, 승리를 완전히 굳히게 할 시간이 필요하자 여호수아는 "태양아, 너는 기브온 위에 머무르라, 달아 너도 아얄론 골짜기에서 그리할지어다"라고 명령하였습니다. 이에 태양과 달이 그 자리에 멈춰 아모리족을 패퇴시키기까지 거의 하루를 머물렀습니다. 이 이야기는 하나님의 다스리심을 잘 보여 주는 사건입니다. 즉, 우박 등의 자연현상뿐만 아니라 태양과 달이 뜨고 지는 물리적인 법칙도 하나님의 명령에 의해 이루어진다는 것을 말해 줍니다.

생각해 봅시다

1. 하나님께서 자연만물을 다스리신다는 사실을 어떻게 알 수 있을까요?

2. 하나님께서 나의 인생은 어떻게 다스리고 계실까요?

이 과에서 먼저 기억해야 할 것은 성경에 기록된 기적에 관한 기사들이 인간의 눈으로 보기에는 초자연적인 현상으로 보이나, 실은 그 역시 하나님의 명령에 순종한 것일 뿐이라는 사실이다. 6과에서 살펴 보았듯이 하나님은 법칙을 만드시고 숨어 계시는 분이 아니시다. 세상의 모든 일들은 하나님의 명령에 순종해서 일어나는 일이며, 태초에 빛이 있으라 명령하신 하나님은 지금도 변함없고 쉼 없이 그 명령을 세상을 향해 발하고 계신다. 하나님의 명령이 한순간이라도 그치면 우리의 육체와 이 세상은 무로 돌아가게 된다.

만물을 보존하시고 다스리시는 하나님

- 본문의 말씀처럼 하나님은 자연만물을 보존하시며 그것을 다스리고 계십니다. 지지난 시간에 살펴본 바와 같이 하나님은 매 순간 세상을 붙드시고 움직이십니다. 한 순간이라도 하나님의 섭리와 관심이 그친다면 이 세상은 순식간에 무로 돌아갈 것입니다.

1. 하나님은 무엇으로 세상을 보존하시고 다스리시고 있습니까? 히브리서 1:3을 찾아서 정리해 봅시다.

예수 그리스도께서 왕으로 다스리시며 그분은 그분의 변하지 않는 말씀으로 세상을 다스리시고 보존하고 계신다.

2. 느헤미야 9:6과 시편 103:19을 찾아서 읽어 보고 왜 하나님이 이 세상을 다스리시는 분이신지에 대해서 이야기해 봅시다.

온 세상을 다 창조하셨을 뿐만 아니라 세상을 다스리고 보존하는 분이다. 그분은 지으신 피조 세계를 다스리는 왕으로서 다스리시는 분이시다.

3. 하나님의 섭리의 특징을 보여 주는 다음 구절들을 찾아서 써 보고 그 특징이 어떤 것인지 이야기해 봅시다.

(1) 시편 145:17

그분의 다스림과 하는 일은 의로우시며 은혜로우시다. 4과 하나님의 성품에서 살펴보았듯이 그분의 의와 은혜는 완전하시다.

(2) 시편 104:24

그분의 피조물이 아닌 것은 없다. 시간마저도 그분의 피조물이며 그분이 주인이시다.

(3) 다니엘 4:35

오직 그분만이 신이시고 창조주이시기에 그분의 손을 금하며 그분의 일에 효과적으로 저항하거나 반대할 수 있는 존재는 없다.

인간에 대한 특별한 섭리

- 이제까지 소요리문답이 자연만물에 대한 하나님의 주권에 대해서 이야기해 오다가 드디어 12문부터 그 관심을 인간에게로 옮기는 것을 볼 수 있습니다. 하나님은 자연만물을 말씀으로 창조하셨지만 인간만은 그분의 손으로 만드셨습니다. 또한 자연만물을 자신의 주권과 왕권으로 보존하고 다스리시지만 인간만은 다른 섭리의 방법으로 다스리십니다. 그것은 바로 언약의 방법입니다. 창조의 핵심이 인간의 창조였던 것처럼 섭리의 중심에는 인간과 맺으신 언약이 자리 잡고 있습니다.

- 창세기 2:16, 17을 읽고 이야기해 봅시다.

1. 하나님과의 특별한 언약은 무엇이었습니까?

선악과. 하나님이 인간에게 주신 첫 언약은 행위언약으로서 이를 지키거나 지키지 않는 행위를 통해 하나님이 보응하시리라는 언약이었다. 이는 단순히 인간과 인간 사이의 사사로운 약속이 아닌 법적인 효력을 지닌, 즉 결과에 대해서 반드시 보응이 따를 약속이었다. 하나님은 전능하신 분으로서 그분의 약속을 반드시 완전하게 지키시는 분이시다.

2. 그 약속에 대한 순종의 결과로 무엇이 예정되어 있었습니까?

최초 언약의 특징은 이중성에 있다. 성경에서는 그 약속을 지키지 않았을 때의 보응만을 이야기하지만 이를 거꾸로 뒤집어 생각해 보면 그 약속에 순종했을 때의 보응을 유추할 수 있다. 즉, 하나님의 말씀에 순종해서 선악과를 따 먹지 않는다면 영생이 보장되어 있었음을 유추할 수 있다.

3. 그 약속을 파기했을 때 예비되었던 것은 무엇이었습니까?

성경은 그 언약에 순종하지 않을 시에는 죽음이 약속되어 있음을 가르쳐 주고 있다. 이미 선악과를 따 먹고 타락하였음을 알고 있는 우리는 여기서도 또한 하나님의 은혜를 깨달을 수 있다. 하나님의 말씀에 의하면 아담과 하와가 선악과를 따 먹은 순간, 그 즉시 그들은 죽임을 당해야 했으며, 그들을 대표로 하는 이 모든 창조세계가 그 순간에 창조 이전의 무로 돌아가야 했었다. 이것이 바로 반드시 죽으리라는 말씀의 의미이다. 그러나 하나님은 은혜를 베푸셔서 죽음과 멸망의 약속을 유보하셨다.

정리해 봅시다

세상의 모든 피조물과 일들을 (**보존**)하시며 (**통치**)하시는 하나님의 일을 (**섭리**)라고 합니다. 특별히 사람에게는 (**언약**)을 통해 섭리하시는데, 그것은 하나님의 (**명령**)에 순종하면 (**살고**), (**불순종**)하면 죽게 된다는 것이었습니다.

실천해 봅시다

1. 한 주 동안 일정한 날을 정해서 나를 향하신 하나님의 작정을 알고 순종하게 해 달라고 기도합시다.
2. 나를 창조하시고 지금도 섭리 가운데 이끄시는 하나님의 손길을 삶 가운데 느끼고 감사와 찬양을 드립시다.

끝마침 : 하나님의 섭리는 지금도 이 세상을 지탱하고 있는 동력이며 우리 역시 그분의 명령에 순종해야 함을 강조하자.

인간의 타락

핵심교훈 : 최초의 언약을 어긴 인간은 죄를 짓고 하나님의 말씀을 거부하며 불순종하게 되었다. 죄를 지은 원인은 자기를 사랑하여 하나님처럼 되고자 한 욕심이었고 그렇게 해서 짓게 된 죄의 두 측면은 적극적으로는 명령을 거역한 것이며, 소극적으로는 명령을 지킴에 있어 부족한 것이었다.

제13문 우리 인간의 시조가 창조된 그대로 있었습니까?

답 우리 시조는 그들이 가진 의지로 자유를 행사하여 하나님을 거역하는 죄를 지었고 그들의 원래의 상태에서 타락하였습니다.

제14문 죄가 무엇입니까?

답 죄는 하나님의 법을 어떤 방법으로든 불순종하거나 따르지 않는 것입니다.

제15문 우리의 시조가 그들의 원래 상태에서 타락하게 된 죄가 무엇입니까?

답 우리 시조의 죄는 금지된 과일을 먹은 것입니다.

읽어 봅시다
창세기 3장
하나님은 인간에게 스스로 선택해서 하나님의 말씀에 순종하는 자유의지를 주셨습니다. 이 선택은 그 누구도 강요할 수 없는, 오직 아담 자신만이 선택할 수 있는 것이었습니다. 심지어는 사탄도 불순종을 유혹할 수는 있었지만 그것을 강제할 수는 없었습니다. 인간을 향한 하나님의 섭리로서의 언약은 이 자유의지를 전제로 한 것이었습니다. 그러나 인류 역사의 시작점에서 인간은 그것을 잘못 사용해 죄가 이 땅에 들어오게 되었습니다.

생각해 봅시다

- 무엇인가를 선택해야 하는 상황에서 여러분은 무엇을 근거로 하여 선택을 합니까?

타락

- 하나님께서 인간을 창조하신 상태는 '보시기에 매우 좋은' 상태였습니다. 인간은 하나님과 함께 동산을 거닐었고 하나님이 지으신 모든 세상을 하나님을 대신해서 다스릴 권한까지 부여받았습니다. 그러나 아담의 불순종으로 말미암아 한순간에 나락으로 떨어지고 말았습니다.

1. 다음 구절들을 찾아서 읽어 보고 처음 창조받은 지위에서 인간의 상태가 어떠했을지 이야기해 봅시다.

   (1) 창세기 2:19, 20

   아담이 동물의 이름을 지어 주고 하나님은 이에 대해 다른 말씀을 하지 않으시고 그대로 받아들이셨다는 사실은 아담이 한눈에 동물의 특성을 간파하고 이에 걸맞은 이름을 지어 줄 수 있는 지혜를 가지고 있었음을 보여준다.

   (2) 창세기 1:28~30

   하나님은 세상에 대한 자신의 주권을 인간에게 일임하시고 자신을 대신하여 모든 피조세계를 다스리는 청지기로 세우셨다.

   (3) 창세기 1:31

   이 모든 것은 하나님 보시기에 심히 좋은, 매우 아름답고 완전한 상태였다.

2. 아담과 하와는 뱀의 미혹을 받아서 범죄하고 타락하게 되었습니다. 오늘 우리를 미혹하여 잘못된 선택을 하게 만드는 것들은 무엇이 있을까요?

죄

- 인간이 타락하게 된 것은 죄의 결과였습니다. 소요리문답에서는 하나님의 법을 어기는 것뿐만 아니라 율법을 지킴에 있어서 부족한 것 또한 죄라고 설명하고 있습니다. 정리하자면 율법을 어기는 죄와 율법을 지킴에 있어서 부족한 것, 즉 적극적으로 무엇인가를 행하는 것과 소극적으로 해야 할 것을 하지 않는 두 가지의 죄를 인간이 짓고 있다는 것입니다.

1. 하나님의 법을 어기는 것이 죄임을 알려 주는 다음 구절들을 찾아서 써 보고 어떤 의미인지 생각해 봅시다.

   (1) 레위기 5:17

      하나님의 말씀으로 금하신 것들을 행함.

   (2) 갈라디아서 5:19~21

      금령에 정하지 않아도 확실히 죄가 되는 일들을 행함.

2. 야고보서 4:17을 읽고 마땅히 행할 것을 행하지 않는 것이 어떻게 죄가 되는지 이야기해 봅시다. 아울러 우리가 이런 식으로 짓고 있는 죄에는 어떤 것이 있는지 생각해 봅시다.

   하지 말아야 할 것을 하고, 적극적으로 하나님의 말씀을 어기는 것뿐만 아니라 명령을 지킴에 있어서 부족함이 있어도 역시 죄이다. 형제를 사랑함에 있어서도 그 사랑이 부족하면 죄가 된다. 또한 마태복음 5장을 비롯 예수님의 말씀에 의하면 실제로 행한 일뿐만 아니라 마음에 품거나 생각하는 만으로도 죄이다.

인간을 타락하게 한 죄

• 아담은 뱀의 유혹에 넘어가 타락하게 되었습니다. 그러나 타락의 모든 원인을 뱀의 유혹에로만 돌릴 수 없는 아담의 커다란 죄가 그 안에 있었습니다. 결국 타인의 유혹이 문제가 아니라 죄를 향한 스스로의 의지와 행위가 원인인 것입니다. 창세기 3장을 읽고 다음 질문들을 생각해 봅시다.

1. 뱀은 하와를 어떤 말로 유혹하고 있습니까?

   (1) 1절

      뱀의 유혹은 거짓말로 시작된다. 이 거짓말은 하와의 마음에 불평을 불러일으키기 위한 거짓말이었다. 모든 열매를 먹되 선악과만을 금지당한 그 상태에 불만을 가지게 하고 그 하나마저도 욕심을 내게 만드는 거짓말이다.

   (2) 4절

      뱀은 계속해서 반드시 죽으리라는 하나님의 말씀을 정면으로 거역하는, '결코 죽지 않는다'는 말로 하와를 유혹한다. 자신이 피조물이고 유한할 수밖에 없음을 알고 있던 하와에게 죽지 않는다는 이 말은 큰 유혹으로 다가왔을 것이다.

(3) 5절

궁극적으로 뱀은 하와에게 하나님처럼 될 것이라고 이야기한다.

2. 선악과를 먹기 전 뱀의 유혹에 대해서 하와는 어떻게 반응하고 있습니까?

(1) 3절

하나님께서는 먹지 말라고 명령하셨으나 하와는 먹지도 말고 만지지도 말라고 했다고 이야기한다. 하나님의 말씀을 말씀 그대로 받아들이는 것이 아니라 자신의 지혜로 이를 판단하고 해석하여 자기 나름대로 받아들이고 있는 모습을 보이는 것이다.

(2) 6절

반드시 죽으리라는 하나님의 말씀은 기억 속에서 사라지고 욕심만이 남게 되었다.

3. 선악과를 따 먹은 행위는 다음과 같은 죄들을 내포하고 있었습니다.

(1) 하나님의 명령에 대한 불순종   (2) 마귀와 연합함

(3) 하나님과 같이 되려는 야심   (4) 쾌락주의

(5) 교만   (6) 불신앙

정리해 봅시다

태초에 인간에게는 하나님께 (순종)하기 위한 (자유의지)가 주어졌습니다. 그러나 인간은 그 (자유의지)를 잘못 사용하여 하나님의 말씀에 (불순종)하여 (선악과)를 따 먹는 (죄)를 범하여 (타락)하게 되었습니다.

실천해 봅시다

1. 하나님께 순종하는 것은 '의지'를 필요로 합니다. 말씀을 읽고 기도하기 위해 의지를 가지고 실천해 봅시다. 소요리문답을 처음 시작하면서 결단했던 성경 읽기, 기도하기 시간을 재점검하고 철저하게 실천합시다.

2. 적극적으로 짓는 죄가 아닌 하나님의 말씀에 순종이 부족한 것 역시 죄입니다. 저녁마다 그날 어떤 죄를 지었는지 써 보고 우리의 상태가 어떠한지 확인해 봅시다.

끝마침 : 우리의 자유의지는 하나님의 뜻에 순종할 때에만 올바로 사용되는 것임을 강조하자.

죄의 전가

핵심교훈 : 아담의 불순종으로 말미암아 그의 후손인 모든 인류는 죄와 비참함에 빠지게 되었다. 아담은 모든 인류와 모든 피조물의 대표로서 죄를 지은 것이다.

제16문 아담의 첫 불순종으로 모든 사람이 타락하였습니까?

답 하나님께서 아담과 맺으신 언약은 아담 한 사람만이 아니라 그의 자연적인 후손들까지 위한 것이었기에, 모든 인류는 그의 첫 불순종 때에 그의 안에서 죄를 짓고 그와 함께 타락하였습니다.

제17문 이 타락으로 인해 사람에게 어떤 일이 일어났습니까?

답 사람은 죄와 비참한 상태에 빠졌습니다.

읽어 봅시다
창세기 4장

아담과 하와의 타락의 결과는 세상에 바로 영향을 미치게 되었습니다. 그들은 에덴동산에서 쫓겨난 후 자녀를 낳게 되었고, 그 자녀들은 땅이 그들에게 주는 것을 먹고 사는 것이 아니라 스스로 일을 해서 먹을 것을 얻어야 했습니다. 타락 이전에는 에덴에서 하나님과 동산을 거닐며 교제했지만 이제는 각각 땀을 흘려 얻은 것을 제물로 삼아 하나님께 제사를 지내야 했으며, 때로는 하나님이 그 제사를 받지 않으시는, 즉 간접적인 교제마저도 거부하시는 상황이 되었습니다. 그로 인해 세상에는 죽음이 들어왔을 뿐만 아니라 그 첫 죽음은 살인이라는 형태로 나타났습니다. 세상은 죄와 비참함이 지배하게 되었고, 아담과 하와의 범죄는 그 자녀들에게 전가되고 온 세상에 만연하게 되었습니다.

생각해 봅시다

- 인간은 태어나면서 원래 선한 존재로 태어날까요, 아니면 악한 존재로 태어날까요. 여러분은 어땠나요?

인류에게 전가된 원죄

- 우리나라 속담에 '콩 심은 데 콩 나고 팥 심은 데 팥 난다'라는 말이 있습니다. 콩을 뿌리면 그게 싹이 트고 자라서 다시 콩을 맺게 되고 팥을 뿌리면 역시 싹이 나고 자라서 팥을 맺게 됩니다. 콩나무에서 팥이, 팥나무에서 콩이 열릴 수는 없습니다. 이것은 우리 인류에게도 마찬가지입니다. 죄를 짓고 죄인이 된 아담의 후손은 죄인일 수밖에 없습니다. 그 뿌리가 죄악에 물들었기에 선한 열매를 맺을 수 없습니다.

1. 인간은 태어날 때 이미 그 상태가 정해져 있습니다. 시편 51:5과 58:3을 읽고 우리의 상태가 어디서부터 죄에 물들었는지 살펴봅시다.
   우리는 모태, 즉 태어나기 이전 어머니의 뱃속에서 조성될 때 이미 죄로 물들어서 만들어진다.

2. 인류 초기부터 이 원죄가 전가되었음을 알려 주는 성경 말씀이 있습니다. 창세기 5:3을 읽어 보고 그 의미를 생각해 봅시다.
   하나님이 자신의 형상, 즉 성품에 따라서 인간을 창조하셨듯이 인간도 자신의 형상, 즉 죄인의 성품을 이어받는 후손을 출생하게 되었다.

3. 인간은 누구나 죄를 짓고자 하는 욕망을 가지고 태어납니다. 그것은 그들에게 아담의 범죄가 전가되었기 때문입니다. 이를 원죄라고 합니다. 내가 스스로 죄를 짓지 않아도 이미 내 안에는 이 원죄가 있습니다.
   인류 가운데 원죄의 영향을 받지 않은 사람이 있을 수 있을까요?
   자연적인 출생법, 즉 남녀의 결혼을 통해서 태어나는 사람들은 그 영향을 벗어날 수 없다.

인류의 두 대표

- 아담의 죄가 후손에게 전가된 이유는 그가 인류의 대표였기 때문입니다. 선악을 알게 하는 열매를 따 먹으면 죽으리라는 하나님과의 언약은 아담과 하나님이 개인적으로 맺은 언약이 아닌, 아담을 대표로 하는 온 인류와의 언약이었습니다. 그렇기

에 아담이 죄를 지었을 때에, 그를 대표로 하는 온 인류가 죄에 빠지게 되었습니다.

이런 대표자는 한 분이 더 있었습니다. 아담이 온 인류의 대표로 죄를 짓게 된 것처럼, 그분을 대표로 인류는 하나님과의 관계를 회복할 수 있었습니다. 그것은 그분이 하나님의 명령에 완전하게 순종하셨기 때문입니다. 그분은 바로 예수 그리스도십니다. 아담이 하나님과의 언약, 그분의 명령에 순종치 않은 것과는 정반대로, 예수 그리스도는 하나님의 명령에 완전히 순종하셨습니다.

1. 로마서 5:12~21을 읽어 보고 이 대표성의 원리에 대해서 정리해 봅시다.

아담의 불순종은 아담만이 아닌 모든 인간과 피조물을 대표해서 하나님께 불순종한 것이므로 그 안에서 모든 인류와 모든 피조물이 범죄를 저지른 것이다. 반면 예수님의 순종은 그분 안에서 믿음을 가진 모든 자들을 대표하시는 것으로 그분을 믿고 의지하는 자들에게 소망을 주는 것이다. 한 사람의 불순종은 죄의 결과를 가져왔고 다른 사람의 순종은 은혜의 결과를 가져오게 되었다.

2. 고린도전서 15:21~22을 읽어 보고 이 대표성의 원리가 우리에게 어떤 희망을 주는지 이야기해 봅시다.

아담 안에서 우리는 현재 죄와 고통 가운데 살다가 사망하게 될 것이나, 예수 그리스도의 순종을 통해서 우리에게는 영광의 부활과 생명의 소망을 얻게 된다.

타락의 결과: 죄와 비참함

• 아담의 타락으로 말미암아 인류는 죄와 비참함 가운데 빠지게 되었습니다. 그 죄와 비참함은 완전한 것이었고, 완벽하게 모든 인류에게 전가되었습니다. 아담의 후손인 우리 모두는 이 죄와 비참함의 상태 가운데 있습니다.

1. 우리가 쉽게 짓는 죄들에는 어떤 것이 있습니까?

2. 비참함은 무엇입니까?

(1) 로마서 3:16~17

파멸과 고생이 있고 평강을 모르는 상태. 항상 불안하고 불안정한 상태로 살 수밖에 없다.

(2) 로마서 5:12

결국에는 죄를 짓고 살다가 사망에 이르게 된다. 가장 큰 비참함은 죽음이다.

3. 이 죄와 비참함에 대해서는 다음 주에 좀 더 자세히 알아볼 것입니다.

정리해 봅시다

아담의 (**범죄**)는 모든 후손에게 전가되어서 모든 인류는 그 안에서 함께 (**타락**)하게 되었습니다. 이로 인해 인류는 (**죄**)와 (**비참함**)에 떨어지게 되었습니다.

실천해 봅시다

1. 한 주 동안 뉴스를 보면서 모든 인간이 죄 가운데 거한다는 증거를 찾아 정리해 봅시다.
2. 일주일 동안 삶 가운데 우리에게 영향을 미치는 죄가 어떤 것이 있는지 써 봅시다.
3. 일주일 동안 우리의 삶 가운데서 만나는 비참함은 어떤 것이 있는지 써 봅시다.

끝마침 : 모든 사람은 날 때부터 이미 죄를 가지고 태어나며 죽음과 지옥의 형벌이 정해져 있음을 강조하자.

죄와 비참함

핵심교훈 : 죄는 크게 두 가지인데 첫 번째는 아담의 죄가 우리에게 유전된 원죄이며 두 번째는 그 원죄의 결과로써 우리가 날마다 스스로 짓는 자범죄이다. 죄의 결과 인간은 하나님과의 관계가 단절되어 죽음에 이르게 되었으며 모든 비참함에 빠지게 되었다.

제18문 사람이 타락한 처지에서 죄 된 것은 무엇입니까?

답 타락으로 죄 된 것은 두 가지입니다. 첫째는 보통 원죄라 부르는 것으로, 아담의 첫 번째 범죄의 죄책이요 본래의 의가 없는 것과 전 본성이 부패한 것입니다. 두 번째는 원죄에서 오는 것으로 불순종의 모든 구체적인 행위들입니다.

제19문 사람이 타락한 처지에서 비참한 것은 무엇입니까?

답 타락으로 말미암아 모든 인류는 하나님과의 교제를 잃었고 그분의 진노와 저주 아래 놓이게 되었습니다. 그로 말미암아 그들은 이생에서의 모든 비참함과, 그 자신의 죽음과, 영원한 지옥의 고통의 지배를 받게 되었습니다.

읽어 봅시다

창세기 7장

아담의 죄를 이어받은 인류는 곧 하나님을 거역하는 삶을 살게 되었음을 지난주에 살펴보았습니다. 모든 인류가 하나님을 버리고 자신을 사랑하며, 남은 미워하고, 자기가 원하는 것을 얻고 행하기 위해 살기 시작했습니다. 그 결과로 에덴동산에서 쫓겨난 지 얼마 되지 않아서 온 땅에 사람이 살게 되었고, 그런 사람의 숫자만큼이나 온 세상이 죄로 만연하게 되었습니다. 하나님은 그런 인류를 심판하시기로 결정하십니다. 인간의 길은 죄로 가득하게 되었고 그 결과는 하나님의 심판이라는 비참함이 따르게 되었습니다.

생각해 봅시다

- 여러분의 인생 가운데 가장 후회가 되는 일은 무엇입니까? 또 가장 슬펐던 경험은 무엇이었습니까? 왜 그런 일을 겪게 되었나요? 서로 자신의 경험을 이야기해 봅시다.

원죄와 자범죄

- 지난주에 언급했던 '콩 심은 데 콩 나고 팥 심은 데 팥 난다'라는 속담을 다시 생각해 봅시다. 콩을 심으면 콩이 나고 팥을 심으면 팥이 나듯이 죄를 지닌 채 태어나면 그 결과로 결국 죄를 짓는 인생을 살게 됩니다. 우리 모두는 아담의 범죄를 이어받아 죄를 짓고자 하는 성향을 가지고 태어납니다. 그것을 원죄라 합니다. 또한 원죄가 우리 안에 있기에 스스로 여러 가지 죄를 짓게 됩니다. 이를 자범죄 즉, 자기가 범한 죄라고 부릅니다.

1. 성경은 여러 곳에서 우리가 원래 죄를 가지고 태어났다고 가르치고 있습니다. 다음의 구절을 찾아서 확인해 봅시다.

   (1) 시편 51:5 죄악 중에 출생했으며 어머니가 죄 가운데 나를 잉태하였다.

   (2) 예레미야 13:23 악을 버리고 선을 행하는 것은 불가능하다.

   (3) 요한복음 3:6 죄인을 통해 태어난 모든 인간은 죄인일 수밖에 없다.

2. 이러한 원죄는 우리를 다음과 같은 상태로 이끕니다. 어떤 상태인지 성경을 찾아봅시다.

   (1) 로마서 3:18
      하나님을 두려워하지 않는 상태가 된다. 하나님을 창조주로 인정하지 않고 내가 바로 하나님이라 생각하기에 하나님에 대한 두려움조차 없다.

   (2) 로마서 8:7, 8
      하나님의 말씀에 아예 순종할 수도 없는 상태가 된다. 하나님의 말씀에 대해 관심도 없고 이에 순종하고자 하는 의지조차 없다.

   (3) 에베소서 2:3

본질상 진노의 자녀가 되었다. 우리의 행위나 생각만이 아니라 본질 자체가 죄인이 되며 진노의 자녀가 되었다.

3. 결국 이러한 원죄의 전가는 인간을 스스로 죄 짓는 존재로 만듭니다. 성경은, 인간을 자기 자신이 스스로 원해서 죄를 짓는 존재라고 적나라하게 표현하고 있습니다. 갈라디아서 5:19~21을 읽고 우리의 상태는 어떤가 생각해 봅시다.
예수님의 말씀에 비추어 보아, 실제로 행동으로 옮기지 않더라도 마음과 생각의 상태가 이런 죄를 짓는 범죄자가 아닌지 돌이켜 보자.

죄인의 비참함

- 아담의 불순종은 그에게 비참한 결과를 가져다주었습니다. 즉, 종일토록 수고하고, 이마에 땀을 흘려야 먹을 것을 얻게 되었으며, 땅이 그 앞에 엉겅퀴와 가시를 내게 되었고, 그렇게 평생을 수고하다가 마침내는 죽어서 그가 처음 만들어졌던 흙으로 돌아가는 결과를 얻게 되었습니다. 죄와 불순종의 결과로 모든 인류는 결국 비참함에 빠지게 되었습니다. 이 비참함은 그 누구도 예외일 수 없습니다. 아무리 큰 권력을 가지고 아무리 많은 돈을 벌었다 해도, 좋은 음식을 먹고 멋진 옷을 입으며 큰 집에서 산다고 해도, 결국에는 늙어서 쇠잔해지며 병을 얻어 고통 가운데 있다 죽음으로 들어가게 됩니다. 그 누구도 예외가 없습니다.

1. 우리는 인간의 가장 큰 비참함이 죽음이라고 생각합니다. 그러나 죽음은 더 큰 비참함의 결과입니다. 가장 큰 비참함은 무엇일까요? 성경을 찾아서 읽어 봅시다.
창세기 3:8, 10, 24, 에베소서 2:12
가장 크고 근본적인 비참함은 하나님과의 관계 단절이다. 모든 비참함과 괴로움의 근본적인 원인은 창조주이시며 아버지이신 하나님과의 관계가 단절되어 그분의 말씀을 들을 수도, 그분과 동행할 수도 없게 된 것이다.

2. 위의 결과로 인간은 하나님의 진노와 저주 아래 있는 존재가 되었습니다. 인류는 본질적으로 진노의 자녀가 되었고 하나님의 진노와 저주를 피할 수 없었습니다. 다음 구절들을 통해서 그 진노와 저주가 어떤 것이었는지 확인해 봅시다.
(1) 에베소서 2:3 육체에 매여 육체의 욕심에 따라 살아가는 자들이다.

(2) 로마서 1:18

우리의 불경건과 불의에 대해서 하나님의 진노가 반드시 임할 것이다. 하나님 진노의 원인은 하나님에게 있지 않고 우리의 불경건과 불의에 있는 것이다.

(3) 갈라디아서 3:10
또한 율법이 우리가 하나님의 진노 아래 놓여 있음을 고발하고 있다.

3. 이러한 비참함의 끝에는 죽음이 있습니다. 로마서 6:23을 찾아서 써 보고 외웁시다.

4. 안타깝게도 죽음은 끝이 아닙니다. 세상은 죽음이 끝이며 그다음은 없다고 가르칩니다. 그러나 죽음은 끝이 아닙니다. 많은 사람들에게 죽음은 고통의 끝이 아니라 더 큰 고통의 시작이고, 더 큰 비참함의 시작이 됩니다. 다음 구절들을 찾아서 읽어 보고 하나님을 모른 채 죽은 사람들에게 어떤 비참함과 고통이 있는지 이야기해 봅시다.

(1) 마태복음 25:41, 46 마귀와 그 사자들을 위하여 예비된 영원한 불 속에 들어가게 된다.

(2) 요한계시록 14:9~11
그곳에서 하나님의 진노로 불과 유황의 고난을 당하는데 이는 끝이 없이 영원히 이어진다.

(3) 데살로니가후서 1:9 영원한 멸망과 형벌이 기다리고 있다.

정리해 봅시다

아담의 (원죄)를 이어받아 모든 인류는 (죄성)를 가지게 되었고 그 결과로 (자범죄)를 짓게 되었습니다. 모든 인류는 하나님과의 (관계)가 끊어지고 (진노)와 (저주) 아래 있어서 비참함을 겪다가 (죽음)에 이르게 되고 (지옥)의 고통을 겪게 되었습니다.

실천해 봅시다

1. 일주일 동안의 삶 가운데 가장 큰 비참함은 무엇인지, 그것을 겪게 된 이유가 무엇인지 적어 봅시다.
2. 이 비참함과 죽음에서 벗어날 길을 우리에게 주셨는지 성경을 찾아 봅시다.

끝마침 : 우리의 비참함과 죽음의 원인은 하나님과의 관계가 단절되었기 때문이며 다른 어떤 방법으로도 그것을 해결할 수 없음을 강조하자.

인류 구원을 위한 은혜의 언약

핵심교훈 : 은혜로우신 하나님은 죄와 비참함에 빠진 인간들을 그냥 내버려두시지 않고 그들을 구원하기 위한 계획을 세우셔서 구세주를 보내주셨다.

제20문 하나님은 모든 인류를 죄와 비참함 가운데 죽도록 버려 두셨습니까?

답 영원 전에 하나님은 다만 이것이 그분을 기쁘시게 하기에 어떤 사람을 영생하도록 선택하셨습니다. 그분은 그들을 은혜의 언약으로 죄와 비참함에서 자유하게 하셨고 구세주로 말미암아 그들을 구원으로 이끄셨습니다.

읽어 봅시다
창세기 15장
하나님의 선택을 받고 길을 떠났음에도 아브라함의 앞길은 순탄치 못했습니다. 자손에 대한 약속을 주셨건만 아들이 태어나지도 않고 오히려 아브라함을 질시하는 주변 국가들과의 분쟁만이 계속되었습니다. 실의에 빠져서 자신을 섬기던 종이 자신의 기업을 이어받을 것이라고 하는 아브라함에게 하나님이 나타나셔서 더욱 더 확실하게 하나님의 언약을 증거하십니다.

생각해 봅시다

- 여러분에게는 어떤 친구가 있습니까? 그 친구와 가까워진 계기가 어떤 것입니까? 어떤 기준으로 친구를 선택합니까? 서로 이야기해 봅시다.

하나님의 선택

- 소요리문답은 하나님이 우리를 선택하셔서 구원하신 것은 전적으로 하나님의 은혜라고 가르치고 있습니다. 그것은 선택받은 자들에게 남들과 다른 어떤 특별한 점이 있어서가 아닙니다. 하나님의 선택은 전적으로 하나님의 의지와 기뻐하시는 뜻에 달려 있으며 인간의 어떤 행위나 상태와는 무관합니다. 모든 인간은 동등하게 죄인이며 죄와 비참함 가운데 빠져 있습니다. 그런 인간들 중에서 오로지 하나님의 은혜로 어떤 인간을 선택하시고 구원하십니다.

1. 다음의 구절들을 찾아서 요약해 써 보고 믿음은 어떤 사람들이 얻게 되며 이는 언제 정해진 것인지 이야기해 봅시다.

    (1) 사도행전 13:48 영생을 주시기로 예정된 자들이 믿게 되는 것이다.

    (2) 데살로니가후서 2:13
    성령의 거룩하게 하심과 진리를 믿는 것은 오직 처음부터 하나님이 정하신 자들에게만 주어지는 선물이다.

    (3) 에베소서 1:4, 5 그 선택은 창세 전에 이루어진 일이다.

2. 하나님의 선택의 기준은 무엇일까요? 에베소서 1:5을 읽고 이야기해 봅시다.
    우리를 선택하신 하나님의 기준은 우리에게서 찾을 수 있는 어떤 것이 아닌 오직 하나님 스스로가 만족하시고 기뻐하시는 뜻에 의한 것이다. 우리가 어떤 일을 행하고 어떤 일을 행하지 않아서가 아니라 오직 하나님 스스로의 만족과 기쁨만으로 인류 가운데 어떤 사람을 선택하신다. 그러므로 이는 완전한 은혜의 결과이다.

은혜의 언약

- 하나님은 자신이 선택한 사람들을 구원하시기 위해 은혜의 언약이라는 방법을 사용하십니다. 인간에게는 하나님의 선택을 받아서 영생에 들어갈 의가 조금도 없음에도 불구하고 하나님은 은혜로 그들 중 얼마를 구원하시고 영생으로 인도하십니다. 그것

은 전적인 하나님의 은혜이며, 하나님을 찬양하고 감사해야 할 이유가 됩니다.

1. 은혜의 언약의 성격을 보여 주는 다음 성경구절들을 찾아서 읽고 정리합시다.
   (1) 디모데후서 1:9 우리 행위의 결과가 아닌 하나님의 뜻이다.

   (2) 히브리서 8:10
   하나님이 먼저 선택하셔서 백성이 되게 하는 것이지 인간이 하나님을 선택하여 스스로 그분의 백성이 되는 것이 아니다. 선택된 자들은 하나님의 백성이 된다.

   (3) 히브리서 8:12 그렇게 선택하신 자들은 더 이상 그들의 죄를 기억도 아니 하신다.

2. 하나님의 은혜가 아닌 다른 방법으로 구원을 얻을 수 있을까요? 어떤 사람들은 특별한 행위를 통해서도 구원을 받을 수 있다고 가르치고, 또 어떤 사람들은 하나님의 은혜 외에 다른 무언가를 덧붙여야 한다고도 가르칩니다. 성경은 여기에 대해 무엇이라고 말씀하는지 알아 봅시다.
   (1) 갈라디아서 2:16
   율법의 행위로는 구원을 받을 자가 없다. 오직 하나님이 주시는 믿음으로만 구원을 얻게 되며 이는 전적으로 하나님의 은혜이다.

   (2) 로마서 3:20
   위와 같다. 다시 한번 확인하자. 우리의 노력이나 행위의 결과, 우리의 공덕의 결과가 전혀 아니다.

   (3) 히브리서 7:18
   구원을 위한 율법은 폐하였다. 율법 자체가 폐기된 것은 아니다. 이는 차후 다시 언급한다. 다만 율법을 통하여 구원받을 수 있다는 가능성을 완전히 없애기 위해 이런 표현을 쓴 것이다.

• 하나님이 이스라엘 백성에게 율법을 주신 이유는 궁극적으로는 그들이 죄인이며 자신의 행위로 그 죄를 없앨 수 없고 하나님의 은혜만을 구해야 한다는 사실을 알게 하시기 위해서였습니다. 이 말은 율법이 우리에게 전혀 소용이 없다는 말이 아닙니다. 하나님의 은혜로 구원을 받은 우리들은 그 은혜와 성령의 도우심으로 율법을 지킬 수 있는 능력을 받았고 지키도록 노력해야 할 의무가 있습니다. 그러나 그런 율법을 지키는 행위를 통해서 우리가 의롭게 되는 것이 아닙니다. 하나님의 말

쏨을 따른다면 더욱 겸손해지고 자신을 낮게 여겨야 할 이유가 여기에 있습니다. 구원을 받은 것도 하나님의 은혜이고, 하나님의 말씀을 지키는 것도 하나님의 은혜입니다.

구원자

• 하나님은 인간을 구원하시기 위해 은혜의 언약을 세우셨고 그것을 실현할 구체적인 방법을 구세주를 통해 나타내셨습니다. 하나님은 사랑의 하나님이시지만 또한 정의의 하나님이십니다. 인간을 사랑하셔서 그들을 구원하기 원하시는 하나님은 다른 한편으로는 그분의 정의가 충족되어서 죄를 심판하시기도 원하십니다. 하나님의 그러한 성품을 만족시키기 위해서 인간의 죄를 대신 지고 하나님의 분노와 정의를 받아 낼 존재가 필요했습니다. 하나님은 구세주를 세상에 보내셔서 이를 이루셨습니다.

1. 은혜의 언약은 창세기 3:15에서 말씀하신, 뱀의 후손의 머리를 상하게 하실 여자의 후손에 대한 약속에서부터 시작됩니다. 찾아서 쓰고 외웁시다.

2. 마태복음 20:28을 읽고 구세주가 이 세상에 오신 이유를 생각해 봅시다.
   하나님의 의를 충족하고 우리의 죄를 대신 속하기 위한 대속물로 오셨다. 현대에 와서 원죄를 거부하는 신학과 사상이 많이 대두되는 상황이다. 그러나 우리는 확실히 죄 가운데 태어나 죄를 짓는 존재이며 우리 스스로는 죄에서 놓임받을 수 없다. 우리와 다른 어떤 분, 우리와는 다른 존재, 우리 대신 죄를 사하신 대속자 그리스도가 필요하다.

정리해 봅시다

하나님은 죄와 비참함 가운데 죽어야 하는 인간들을 위해 (은혜)의 (언약)을 세우셨습니다. 그것은 자신의 (기쁨)을 위해 (구세주)로 말미암아 어떤 사람들을 구원하여 (영생)에 이르도록 하신다는 것입니다.

실천해 봅시다

1. 나의 행위나 인생은 보잘것없는데 하나님의 전적인 은혜로 나를 구원해 주셨음을 감사하며 찬양하는 한 주가 되게 합시다.

2. 구약성경에서 예수님에 대해 예언한 성경의 구절들을 다섯 군데 이상 찾아 옵시다.

끝마침 : 구원은 전적으로 하나님의 은혜의 선물이며 나의 노력이나 행위의 결과가 아님을 강조하자.

구원자 그리스도

구세주 예수 그리스도

핵심교훈 : 예수님은 하나님의 아들로서 제2위인 삼위 하나님이다. 예수님은 100% 완전한 신이자, 100% 완전한 사람이다.

제21문 하나님이 선택한 자들의 구원자는 누구입니까?

답 하나님이 선택하신 자들의 유일한 구원자는 영원하신 하나님의 아들, 사람 되신 주 예수 그리스도이십니다. 그분은 이전에도, 그리고 여전히 하나님이시자 사람이시며 이 두 본성이 한 인격 안에 영원히 계십니다.

제22문 하나님의 아들이신 그리스도께서 어떻게 사람이 되셨습니까?

답 하나님의 아들 그리스도는 실제 몸과 지각 있는 영을 취하심으로 사람이 되셨습니다. 그분은 그분에게 생명을 준 동정녀 마리아의 태중에 성령의 능력으로 잉태되셨지만 여전히 죄는 없으십니다.

읽어 봅시다
요한복음 1:1~15
예수님은 삼위의 두 번째 하나님으로서 창조 때에 성부 하나님과 같이 그분의 곁에서 온 세상을 함께 창조하셨습니다. 그분은 참되신 하나님이시면서 또한 참된 인간으로 세상에 내려오셨습니다.

생각해 봅시다

• 여러분은 기적이나 남들이 겪어 보지 못한 새롭고 신기한 일을 경험한 적이 있습니까? 있다면 서로 이야기해 봅시다. 그런 신기한 일들 앞에서 어떤 기분이 들고 무엇을 느꼈습니까?

예수, 구원자

• 예수님은 삼위 하나님의 두 번째 하나님이십니다. 예수님은 태초로부터 지금까지 여러 가지 일들을 하시고 계시지만 그중 가장 중요한 일은 바로 그리스도, 구원자로서 세상에 내려오셔서 하나님께서 선택하신 인간들을 구원하신 일입니다.
삼위일체 하나님으로서 예수님의 사역을 설명한 5과의 내용을 다시 확인하자.

1. 다음 성경구절들을 찾아서 읽어 보고 예수님이 어떤 일을 하셨는지 알아봅시다.

   (1) 요한복음 1:3 만물이 예수님을 통해서 지은 바 되었다.

   (2) 마태복음 8:1~15 각종 병자들을 고치셨다.

   (3) 누가복음 8:1 하나님나라의 복음을 전파하셨다.

   (4) 마가복음 1:16~20 제자들을 부르셔서 하나님나라의 사역을 맡기셨다.

   (5) 마태복음 1:1, 2 아브라함과 다윗의 계보에 속하신, 약속대로 오신 메시아이시다.

2. 다음 구절들을 찾아서 요약해서 써 보고 예수님의 구원 사역에 대해서 성경에서 뭐라고 이야기하는지 정리해 봅시다.
이 구절들이 공통적으로 가르치는 것은 죄 용서함을 받아 구원받고 하나님의 자녀가 되는 길은 오직 예수님 한 분만으로 가능하다는 것이다. 인간의 불행은 인간의 죄의 결과이고 그 죄의 문제를 해결하는 방법으로 제시된 것도, 인간을 창조하신 하나님과의 깨어진 관계를 회복하는 것도 오직 예수 그리스도 외에 다른 방법을 주신 것이 없다.

   (1) 요한복음 14:6

   (2) 사도행전 4:12

   (3) 디모데전서 2:5, 6

3. 예수님은 하나님께서 선택하신 자들을 구원하실 때 어떤 방법을 사용하실까요? 다음의 구절들을 찾아보고 어떤 방법이었는지 알아봅시다.

그리스도는 만유의 주인이자 왕으로서 택자들을 구원하는 것도 말씀만으로 가능한 분이셨으나 그렇게 하지 않으셨다. 그분은 자신의 몸으로 십자가에 달려 피를 흘리심으로 택자들을 구원하신다.

(1) 베드로전서 1:18, 19, 디모데전서 2:6 피흘리고 고통당하셨을 뿐만 아니라.

(2) 골로새서 2:15 십자가에 달려 죽으심으로 택자들을 구원하셨다.

예수, 하나님의 아들, 사람

* 이 예수님은 하나님의 아들이십니다. 그분은 하나님이시지만 또한 완전한 사람이십니다.

예수님은 하나님이시자 또한 사람이다. 그분은 50%의 신성과 50%의 인성이 결합하여 예수 그리스도가 된 것이 아니라, 100% 신이시자 100% 인간이셨다. 100% 신이셨기에 그분의 죽음이 모든 인류의 죽음을 능가하는 무한대의 구원의 능력을 나타낼 수 있는 것이고 100% 인간이기에 하나님 앞에서 모든 인간의 대표로서 대신 죽임을 당해 인간의 죄를 씻을 수 있었다.

1. 성경은 예수님이 하나님이심을 증명합니다. 그분은 하나님의 아들로서 하나님과 함께 영원 전부터 존재하신 하나님이십니다. 이를 증명하는 다음의 성경구절들을 찾아서 써 봅시다.

(1) 시편 2:7
예수님은 하나님이 낳으신 하나님의 아들이다. (1권 5과 참조)

(2) 마태복음 3:17
예수님께서 세례 받으실 때에 성부 하나님께서는 직접 예수님이 하나님의 아들이심을 증거하셨다.

(3) 요한복음 1:18
예수님 스스로 자신이 성부 하나님의 독생자 아들임을 증거하셨다.

2. 그분은 또한 하나님이시지만 완전한 사람이 되셨습니다. 왜 사람이 되셔야 했을까요? 다음의 성경구절들은 그 이유를 두 가지로 설명하고 있습니다. 어떤 것인지 알아봅시다.

(1) 히브리서 9:22

아담을 대표로 하는 '인간'이 하나님 앞에 범죄하였기 때문에 인간 자신의 피를 흘려 죽임을 당해야만 하나님의 공의를 만족시킬 수 있었다. 그렇기에 예수님께서는 참된 100%의 사람이 되어서 피를 흘려야만 인간의 죄를 향한 하나님의 공의를 만족시킬 수 있었다.

(2) 히브리서 2:16, 17

천사가 아닌 아브라함의 자손, 즉 영적인 존재가 아닌 아브라함의 자손이라 불리는 인간을 구원하기 위함이었기 때문에 인간의 편에 서서 하나님 앞에서 인간을 위해 변호하고 중보할 인간이 되셔야만 했다.

3. 예수님은 참된 하나님으로서 사람의 몸을 입고 이 땅에 오셨습니다. 예수님이 하나님이실 뿐만 아니라 또한 사람이었음을 증명하는 성경의 구절들을 찾아서 읽어 봅시다.

(1) 이사야 9:6

예수님은 인간의 몸을 입고 한 아기가 되어, 잉태는 성령으로 되었지만, 출생은 자연적인 출생법으로 이 세상에 오셨다.

(2) 마태복음 1:23

마태는 위의 이사야의 말씀이 예수님을 통해 이루어졌음을 증거한다.

(3) 갈라디아서 4:4

마찬가지로 바울도 예수님이 여자에게서 율법에 매여 있는 인간의 몸을 입고 태어나셨음을 가르치고 있다.

4. 예수님이 참된 하나님이시지만 또한 참된 인간이 되심은 어느 한때만이 아니라 영원 전부터 영원 후까지 그러합니다. 그분은 영원히 존재하는 하나님이시자 사람이십니다. 이를 증거하는 성경의 구절들을 찾아서 읽어 봅시다.

(1) 사도행전 1:11

예수님은 영혼만 하늘로 승천하고 육체는 이 땅 위에 남겨 놓지 않으셨다. 그분은 육체를 입고 하늘로 올라가셨다.

(2) 로마서 9:5

이스라엘의 혈통을 통해 육체를 입고 태어나신 예수님께서는 영원히 찬양을 받으실 하나님이시다.

(3) 히브리서 7:24, 25

예수님이 영원히 거하시기 때문에 그분이 담당하고 계시는 하나님과 사람 사이의 중보자, 제사장의 직분을 다른 누군가가 이어받을 일은 없다. 지금 이 땅에서 자신이 재림 예수나 또는 새로운 구원자, 중보자라고 주장하는 사람들은 모두 거짓말하는 자들이다.

정리해 봅시다

하나님께서 선택하신 자를 구원하기 위해 (예수님)께서 이 땅에 오셨습니다. 그분은 영원히 참된 (하나님)이시자 참된 (사람)이십니다.

실천해 봅시다

1. 하나님이시면서도 인간을 구원하기 위해 이 땅에 오신 예수님의 사랑을 묵상하는 한 주가 됩시다.
2. 우리도 예수님처럼 낮아져서 다른 사람을 위해 희생할 수 있는 방법이 어떤 것이 있는가 생각해 봅시다.

끝마침 : 예수님께서 영원히 하나님이시면서 참된 인간인 이유는 인류를 대표해 택자들을 구원하시기 때문이다.

그리스도의 삼중직, 선지자

핵심교훈 : 예수님은 참된 선지자이시다.

제23문 그리스도께서 어떻게 우리의 구원자이십니까?

답 우리의 구원자로서, 낮아지심과 높아지심 가운데 그리스도는 우리의 선지자요, 제사장이요, 왕이십니다.

제24문 그리스도께서 어떻게 선지자이십니까?

답 선지자로서 그리스도께서는 우리의 구원을 위한 하나님의 뜻을 그분의 말씀과 영으로 계시하십니다.

읽어 봅시다
마태복음 4장

예수님의 공생애는 세례 요한으로부터 받은 세례, 금식과 시험, 그리고 천국 복음의 선포와 제자들을 부르시는 것으로 시작되었습니다. 이 모든 것들이 예수님 사역의 성격을 잘 보여줍니다. 세례 요한으로부터 받은 세례와 그 위에 임하신 성령님을 통해서 예수님이 하나님의 아들이심을 공식적으로 나타내셨고, 금식과 마귀의 시험을 이기심을 통해 하나님의 말씀으로 사는 법을 보이셨으며 제자들을 부르셔서 그분의 사역을 퍼뜨리게 하셨습니다. 그리고 천국이 가까웠다는 선포를 통해 그분이야말로 완전한 하나님의 선지자이심을 우리에게 보여주고 있습니다.

생각해 봅시다

- 설교를 통해 하나님의 말씀이 선포되면 거기에 대해서 어떻게 반응합니까?

선지자 예수

- 예수님께서 인간의 몸을 입으시고 이 땅에서 일하실 때, 그분은 공적인 직분을 가지고 계셨습니다. 그것은 선지자, 제사장, 왕의 직분이었습니다. 이를 그리스도의 삼중직이라고 합니다. 예수님의 삼중직 중 첫 번째는 선지자로서의 사역이었습니다. 예수님은 선지자로서 사람들에게 하나님의 말씀을 전하십니다. 구약시대 선지자들처럼 예수님이 선포하신 말씀은 하나님나라 백성이 되는 방법과, 그 나라 백성으로서 어떻게 살아야 할 것인가였습니다. 그 중심에는 우리를 구원하려는 하나님의 뜻이 있었습니다.

1. 요한복음 15장 15절을 읽고 궁극적으로 예수님께서 하신 일이 무엇이었나를 이야기해 봅시다.

   아버지께 들은 것을 너희로 알게 하겠다. 구약시대 선지자들이 한 일이 바로 하나님의 말씀을 받아서 이스라엘 백성들에게 전달한 것이었다. 예수님께서 하신 일이 이것으로서, 하나님의 뜻을 가장 정확하게 그 제자들과 예수님을 따르는 자들에게 알리신 것이다. 구약시대 선지자들이 선포한 내용은 하나님의 구원의 뜻과 하나님을 떠났을 때의 심판이었던 것처럼 예수님께서도 자신의 삶과 죽음을 통해 하나님의 구원의 뜻을 전하셨다. 또한 복음서를 통해 알 수 있듯이 예수님은 구약의 율법을 재해석해서 예수님을 따르는 자들이 지켜야 할 삶의 표준으로 제시하셨다.

2. 요한복음 20:30, 31은 요한복음이 기록된 이유에 대해서 이야기하고 있습니다. 찾아서 읽고 요약해서 써 보고 무엇이라고 가르치는지 서로 이야기해 봅시다.

   예수님께서 하나님의 아들 그리스도, 즉 구원자임을 믿게 하기 위해 쓰여진 책이다. 기본적으로 요한복음뿐 아니라 성경이 쓰여진 첫 번째 이유는 구원자 예수 그리스도에 대해서 알리고 믿게 하기 위한 것이라고 볼 수 있다.

3. 예수님 스스로 자신의 사역에 대해서 말씀하신 누가복음 4:18~19, 21을 읽고 그것이 무엇이었나 정리해 봅시다.

   신구약을 막론하고 그리스도의 사역은 가난하고 억눌리고 압제당하는 자들을 구원하는 것이라고 가르친다. 이는 물리적, 영적인 의미를 모두 담고 있다고 봐야 한다. 부요하고 건강하다고 스스로 생각하는 자들에게는 구원자가 필요 없다. 우리는 가난한 자가 되고 약한 자가 되어 하나님을 의지하고 그리스도의 복음에 날마다 엎드려야 한다. 예수님께서 하신 일이 바로 이 일이다. 그를 믿는 자들은 구원에 이르게 된다.

말씀으로 선포하심

- 예수님의 선지자직은 먼저 그분의 말씀을 통해 알 수 있습니다. 그분의 말씀은 권위가 있어서 다른 사람과 같지 아니하였고 하나님의 능력이 담겨 있었습니다. 그분의 제자들이 이를 정리해서 오고 오는 세대에게 전해지도록 했습니다.

1. 베드로전서 1:10, 11을 읽고 구약성경, 특히 선지자들의 말씀이 무엇에 관한 것이었는지 정리해 봅시다.

   구약성경과 선지자들은 총체적으로 오실 메시아에 대한 선포였다. 예수님은 이 말씀을 자신의 삶과 가르침과 십자가 죽으심을 통하여 성취하셨다.

2. 히브리서 2:3, 4에 의하면 결국 예수님의 일, 즉 우리의 구원에 대해서 말씀하신 분이 누구라고 가르치고 있습니까?

   우리에게 예수님의 일과 말씀을 확증하시는 분은 성령님이시다.

성령을 통하여 계시하심

- 예수님이 선지자로서 선포하신 하나님의 구원 사역은 성령으로 말미암아 확증되었습니다. 예수님의 말씀을 들을 때, 성령님의 도우심이 없이는 그것을 깨달아 회개하고 구원에 이르게 하는 믿음을 소유할 수 없기 때문입니다. 뿐만 아니라 구원을 얻었다 하더라도 성령님의 도우심이 없이는 구원 받은 자로서의 삶을 살 수도 없습니다. 예수님께서는 자신의 말씀과 사역을 성령님을 통해서 우리에게 전하시고 확증하십니다.

1. 요한복음 14:26은 예수님이 성령님을 통해서 자신의 말씀을 가르치시고 생각나게 하신다고 말씀하십니다. 찾아서 읽고 써 봅시다.

   성령님의 주된 사역은 바로 하나님의 말씀을 우리 안에서 확증하시는 것이다. 요즘 여러 단체에서 하나님의 음성 듣기라는 프로그램을 실행하는데, 하나님은 더 이상 우리 귀나 마음에 심상이나 음성으로 말씀하시지 않으신다. 성령님이 우리가 읽고 외우고 숙지한 성경 말씀을 통해서 우리에게 하나님의 뜻을 보이신다.

2. 고린도전서 2:14을 찾아서 읽어 보고 성령님의 도우심이 없다면 우리의 상태가 어떠할지 이야기해 봅시다.

   하나님의 일을 믿지 않을 뿐만 아니라 그것을 어리석다 조롱하며 하나님을 대적하는 자가 된다. 하나님을 믿지 않는 자들은 단순히 중립적으로 믿음이 없는 것으로 그치지 않고 그 자체가 적극적으로 하나님을 거역하며 대적하는 죄를 짓는 것이다.

3. 예수님의 선지자로서의 사역은 예수를 믿는 우리들에게 위임됩니다. 우리가 선지자
가 되는 것은 아니지만 예수님이 하신 일을 이 땅을 살면서 계속해야 합니다. 이를
우리에게 명령하는 사도행전 1:8을 찾아서 읽어 보고 성령님의 도우심을 구하는 기
도를 드립시다.

정리해 봅시다

예수님께서는 (선지자) 직분을 가지고 하나님의 (구원)의 뜻을 그분의 (말씀)과 (영)을
통해 우리에게 나타내십니다.

실천해 봅시다

우리도 주님을 따르는 작은 선지자가 되어서 친구 한 사람 이상에게 이 복음을 전하
는 한 주가 됩시다.

끝마침 : 예수님은 하나님이 보내신 하나님의 말씀이셨고, 말씀을 선포하셨으며, 말
씀에 스스로 순종하심으로 완전한 선지자직을 행하셨다.

제사장이자 왕이신 예수님

핵심교훈 : 예수님은 제사장이자 왕이셨다.

제25문 그리스도께서 어떻게 제사장이십니까?

답 제사장으로서, 그리스도는 그 자신을 우리를 위해 단번에 희생 제물로 바치셨고 이를 통해 신적인 정의를 만족시키셨으며 우리와 하나님을 화해시키셨고, 끊임없이 우리를 위해 중보하십니다.

제26문 그리스도께서 어떻게 왕이십니까?

답 왕으로서 그리스도는 우리를 그분의 능력과 통치 아래 두시고 우리를 보호하시며, 그분과 우리의 모든 원수들을 억제하시고 정복하십니다.

읽어 봅시다
사사기 17:1~15
사사시대 말엽, 이스라엘에는 분명히 왕이 있었습니다. 그분은 왕으로 이스라엘을 통치하시던 하나님이었습니다. 하나님은 자신의 사사(Judge, 재판관)들을 세워서 하나님의 뜻을 이스라엘에 전하시고 그들을 통하여 통치하셨습니다. 그러나 이스라엘 사람들은 사사들을 통한 하나님의 통치와 그분의 왕되심을 거부하고 각자 자신의 소견에 옳은 대로 행하기 시작합니다. 결국 하나님의 왕되심을 거부한 끝에는 종교적 타락뿐만 아니라 18장 이후에 등장하는 민족적 비극이 뒤따릅니다.

생각해 봅시다

- 여러분의 생각과 행동을 다스리는 존재는 무엇입니까?

제사장이신 그리스도

- 예수님은 대제사장으로서 우리를 대신하여 하나님께 제사를 드리셨습니다. 구약시대 이스라엘 백성들은 양과 염소를 가지고 끝없이 하나님께 나아와 반복적이고 불완전한 제사를 드렸습니다. 그러나 예수님은 십자가 위에서 친히 자기 자신을 제물로 하나님께 단회적이고 영원한 제사를 드리셨습니다. 이 제사는 하나님의 공의를 완전히 만족시키셨으며 이를 통하여 반복적인 제사가 끝나고 예수님을 믿는 모든 자들은 구원에 이르게 되었습니다. 또한 우리의 죄로 말미암아 하나님과 단절되어 있던 상태에서 그 단절을 해결해 주셨으며 지금도 제사장으로서 하나님께 우리를 위하여 대신 중보하고 계십니다.

1. 제사장으로 예수님께서 하신 첫 번째 일은 자신을 제물로 드려 하나님의 정의를 만족시키셨다는 것입니다. 다음 구절들을 찾아서 읽어 보고 성경이 이에 대해서 무엇이라 증언하는지 정리해 봅시다.

   죄 지은 인간이 하나님의 분노 아래에서 저주와 사망과 영원한 형벌을 받음이 마땅하나, 하나님은 인간들에게 오래 참으시고 오히려 그 분노를 독생자이신 예수님을 통해 해소하셨다. 예수님의 고통당하심과 피흘리심과 죽으심은 인간의 죄를 대신 지신 제사장의 직분을 완전히 이행하신 예수님의 일이셨다.

   (1) 이사야 53:4, 5

   (2) 로마서 3:25

   (3) 히브리서 9:27, 28

2. 예수님은 제사장으로서 하나님의 공의를 만족시키셨을 뿐만 아니라 하나님과 사람을 화해하게 하셨습니다. 그 의미가 무엇이고 우리에게 어떤 결과를 주었는지 골로새서 1:22과 로마서 5:11을 찾아서 정리해 봅시다.

   화목제물이 되셔서 우리를 대신하여 죽으신 예수님의 죽으심을 통하여, 우리는 책망할 것 없는 자로 세워지게 되었으며, 그로 말미암아 우리에게는 하나님의 진노와 저주가 내려지지 않고 오직 기쁨만이 임하게 되었다. 우리는 예수님의 피를 의지함으로 하나님과 화목할 뿐만 아니라 완전한 기쁨을 누릴 수 있게 되었다.

3. 그뿐만 아니라 예수님은 제사장으로서 하나님과 우리 사이에서 우리를 위하여 지금도 중보하고 계십니다. 로마서 8:34을 찾아서 써 보고 우리를 위해 기도하시는 예수님께 감사합시다.

우리를 창조하신 하나님께서는 우리보다 우리를 더 잘 아신다. 그러므로 우리가 할 수 있는 것보다 더 잘 우리를 위해서 기도하신다. 지금도 우리를 위해 간구하시는 예수 그리스도께 감사하자.

왕이신 그리스도

• 그리스도께서는 또한 우리의 왕으로서 우리를 영원히 통치하십니다. 그분은 자신의 능력을 우리에게 나타내시고 통치하실 뿐만 아니라 우리를 보호하시며, 모든 원수 마귀의 세력과 싸워 이기셨습니다.

1. 마태복음 28:18~20은 예수님의 지상명령을 주실 뿐만 아니라 그분이 우리의 왕되심을 가장 잘 나타내 보여 주고 있습니다. 찾아서 읽고 특히 18절을 써 봅시다.

예수님께는 하늘과 땅의 모든 권세가 있다. 그분은 그 권세로 우리를 다스리시고 보호하신다. 창조주의 권세는 그 어떤 세력도 이길 수 없는 가장 강한 권세이다. 우리는 그런 가장 강한 권세에 의해 다스려지고 보호받는 자들이다.

2. 골로새서 1:13에 의하면 그리스도는 우리를 건져내서 보호하시는 분이라고 합니다. 찾아서 읽어 보고 주님의 보호하심이 어떤 것인지 경험한 바가 있다면 서로 이야기해 봅시다.

어렵고 힘든 일들 앞에서 하나님의 보호하심을 받은 경험이 있다면 이야기해 보자. 인도자가 먼저 자신의 경험을 이야기하면 더욱 좋을 것이다.

3. 그리스도는 또한 흑암의 세력과 싸워 이미 승리하셨습니다. 최후의 가장 강력한, 그러나 그리스도를 통해 완전히 정복할 원수가 무엇인지, 그리고 그것은 우리에게 어떤 소망을 주는지 고린도전서 15:24~26을 찾아서 읽고 이야기해 봅시다.

죽음은 가장 강력한 최후의 원수이다. 예수님의 십자가는 죽음마저 이기셨다. 우리는 비록 육체는 사망하지만 영혼은 영원할 것을 믿으며, 또한 예수님이 재림하실 때에 우리의 육체도 부활해 사망을 이기고 영원히 살 것을 믿는다.

정리해 봅시다

예수님께서는 (제사장)으로서 (자신)을 드려 단번에 하나님의 (공의)를 만족시키셨고 하나님과 우리를 (화목)하게 하셨으며 우리를 위해 지금도 (기도)하고 계십니다. 그분은 또한 (왕)으로서 우리를 (통치)하시고 (보호)하시며 모든 (원수)와 싸워 승리하셨습니다.

실천해 봅시다

1. 우리와 하나님을 화목케 하신 예수님이 지금도 우리를 위해 중보하고 계십니다. 옆 친구와 서로 기도 제목을 나누고 우리도 서로를 위해 기도하는 한 주가 됩시다.
2. 예수님의 다스리심을 받기 위해 우리가 구체적으로 할 수 있는 일이 무엇인지 생각해 봅시다.

끝마침 : 예수님은 제사장으로서 우리와 하나님 사이에서 중보하고 계시며, 왕으로서 우리를 다스리시고 보호하시는 분이시다.

그리스도의 낮아지심

핵심교훈 : 예수님은 선지자, 제사장, 왕의 삼중직을 이루시기 위해서 낮아지셨다.

제27문 그리스도께서 어떻게 낮아지셨습니까?

답 그리스도는 이렇게 낮아지셨습니다: 가난한 가정에 인간으로 태어나셨습니다. 율법에 순종하셨고 인생의 비참함으로 고통받으셨습니다. 십자가에서 하나님의 진노와 죽음의 저주를 당하셨으며 땅에 묻히셔서 잠시간 죽음의 권세 아래 놓이셨습니다.

읽어 봅시다
이사야 53장
이사야 선지자는 그 모양이 사람보다 상하였으나 나라들과 사람들을 놀라게 하고 왕들의 입을 봉하게 할(사 52:13~15) 한 하나님의 종에 대한 예언을 합니다. 그분은 세상의 죄를 대신 지고 그들을 사하게 하려 고난당하고 상하고 멸시를 받으며 채찍에 맞는 모습으로 이 세상에 나타나십니다.

생각해 봅시다

• 타인을 위해서 그들보다 낮아지는 것은 어떤 것일까요? 그것은 고통스럽고 피해야만 하는 일일까요? 서로의 생각을 나눠 봅시다.

이 땅에 내려오신 그리스도

• 예수님은 하나님이셨습니다. 그분은 성부 하나님의 독생자로 영광과 존귀가 동등한 하나님이셨습니다. 그러나 그분은 하나님으로서의 영광을 버리시고 스스로 피조물의 모습을 입고 이 땅에 내려오셨습니다. 그것도 왕이나 고관대작의 집에 태어나지 않으시고 목수의 아들로 베들레헴의 한 마구간에서 태어나셨습니다. 인간이 상상할 수 있는 가장 낮고 천한 모습으로 이 땅에 내려오셨습니다. 뿐만 아니라 율법의 창조자이신 그분은 스스로를 낮춰 율법 아래 스스로 순종하셨습니다.

1. 예수님의 탄생이 어떠하셨는지 다음 구절들을 찾아서 읽어 보고 이야기해 봅시다.

   예수님은 비천한 중에서도 가장 비천한 모습, 낮은 모습으로 이 땅에 태어나셨다. 인간으로 태어나신 것 자체가 낮아지심의 극치였는데 거기서도 더 낮아지신 것이다. 그런데 이는 우리를 위한 것이었다. 하나님 앞에 죄인인 비천하고 낮은 우리를 위하여 예수님 스스로가 가장 낮은 모습으로 내려오셨다.

   (1) 마태복음 13:55

   (2) 누가복음 2:7

   (3) 고린도후서 8:9

2. 갈라디아서 4:4에서는 예수님께서 율법 아래 나셨다고 가르치고 있습니다. 찾아서 읽어 보고 이것이 어떤 의미인지 서로 이야기해 봅시다.

   삼위 중 이위이신 성자 예수님은 율법을 행하는 자가 아니라 인간들에게 율법을 주는 분이시다. 그러나 예수님은 그런 율법 수여자의 모습을 버리시고 스스로 낮아지셔서 율법 아래 복종하며 매이셨다. 이는 마치 왕이 자신의 명령에 자기 스스로 순종하는 것과 같아서 있을 수 없는 일인데, 예수님은 율법에 매인 인간들을 위하여 스스로 그렇게 하셨다.

고난당하신 그리스도

• 또한 예수님께서는 낮은 자리로 이 땅에 내려오셨을 뿐만 아니라 비참함과 고난을 당하셨습니다. 왕이신 하나님, 세상을 창조하신 그분이 낮고 낮은 자리에 내려오신 것으로도 엄청난 사건인데 그뿐만 아니라 다른 사람들이 당하지 않은 온갖 고난을

당하셨습니다.

1. 예수님은 육체적인 고난을 당하셨습니다. 다음의 구절들을 읽어 보고 어떤 고난을 당하셨는지 이야기해 봅시다.

   예수님은 100% 사람이시기에 다른 모든 인간들과 마찬가지로 힘들고 주리고 목마르시며 때리면 아픈 그런 존재였다. 인간이 당할 수 있는 고통 가운데서도 가장 큰 고통을 몸소 겪으셨다.

   (1) 요한복음 4:6
       극도로 피곤하여 우물가에서 기진하셨다.

   (2) 마태복음 4:2
       사십 일 금식 이후에 매우 굶주리셨다.

   (3) 마태복음 27:26
       채찍질을 당하시고 가시관을 쓰셨으며 못 박히고 창에 찔리는 극도의 육체적 고통을 당하셨다.

2. 육체적인 고난뿐만 아니라 예수님은 정신적인 심한 고초도 당하셨습니다.

   (1) 마태복음 4:1
       마귀에게 시험당하셨다. 인간의 육체를 입고 영적인 존재를 만나 유혹당하는 것은 예수님에게 극도의 스트레스였을 것이다.

   (2) 누가복음 9:58
       극도의 외로움을 겪으셨다. 세상 어디도 예수님의 집이 아니기에 고향을 떠나 방황하는 나그네와 같은 외로움, 고독을 경험하셨다.

   (3) 히브리서 12:3
       예수님은 죄인들을 구원하기 위하여 이 땅에 내려오셨다. 그러나 죄인들은 오히려 그분을 거부하고 거역했다. 이는 예수님의 마음을 극도로 아프게 했다.

3. 이사야 53:3을 읽어 보고 예수님이 받으셨을 가장 큰 고난이 어떤 것이었을지 서로 이야기해 봅시다.

   예수님은 죄인들을 구원하시기 위해 인간의 몸을 입으시고 이 땅에 내려오셨지만 죄인들은 예수님을 거부하였을 뿐만 아니라 그분을 버렸고 멸시했으며 조롱했다. 선한 일을 하려 하나 그것을 받는 자가 거부하고 도리어 멸시하는 것이 얼마나 큰 슬픔인가 생각해 보자. 예수님은 단순히 선한 일이 아니라 그들을 위하여 목숨을 버리시려 했으나 그 은혜를 받을 인간들은 도리어 그것을 조롱하고 멸시했다.

죽임당하신 그리스도

• 예수님의 낮아지심의 극치는 영원한 하나님이시고 창조주이신 그분께서 인간이 겪어야 할 죽음을 당하셨다는 것입니다.

1. 예수님의 죽음은 그냥 보통의 죽음도 아닌 매우 치욕적인 죽음이었습니다. 빌립보서 2:8과 갈라디아서 3:13을 읽어 보고 그분의 죽음이 어떤 것이었는지 서로 이야기해 봅시다.

   고대 근동 지방에서 나무에 달려서 죽임을 당하는 것은 커다란 치욕이었다. 그것은 전쟁에 진 적군을 죽이는 방법이었고 매장하지 않고 나무에 매단 채 방치해 버리는 식으로 적을 모욕하는 것이었다. 고대인들은 죽음 이후 몸은 땅에 묻혀 흙으로 돌아가고 영은 그 창조주가 있는 하늘로 돌아간다는 사상을 가지고 있었다. 그러나 나무에 매달린 죽음은 땅으로도, 하늘로도 돌아가지 못하는 완전한 버려짐, 치욕을 의미하는 것이었다. 예수님의 십자가는 이런 죽음 가운데도 가장 치욕스런 죽음으로 인간이 당해야 할 치욕의 극치를 예수님이 대신 당하셨음을 보여주고 있다.

2. 마태복음 27:46을 읽어 보고 예수님의 죽으심의 진정한 의미가 무엇인가 생각해 봅시다.

   인간의 죽음이 죄와 비참의 결과이고 하나님과의 단절을 의미했던 것처럼, 예수님의 죽음도 성부 하나님과의 완전한 단절을 겪으셨음을 의미한다.

정리해 봅시다

예수님께서는 (인간)의 모습으로 이 땅에 내려오셔서 (고난)을 겪으시고 (죽임)을 당하셨습니다.

실천해 봅시다

우리도 남을 위해 어떻게 낮아지고 어떻게 희생할 수 있을지 구체적인 방법을 이야기해 봅시다.

끝마침 : 예수님의 낮아지심은 인간이 당해야 할 고난과 고통, 그리고 죽음과 단절의 치욕을 예수님이 대신 당하신 것이다.

그리스도의 높아지심

핵심교훈 : 예수님은 낮아지신 자리에 머물지 않으시고 다시 높아지심으로 구원을 완성하셨다.

제28문 그리스도께서 어떻게 높아지셨습니까?

답 그리스도의 높아지심은 사흘 만에 죽은 자 가운데서 다시 살아나신 것과 하늘에 올라가신 것과 하나님 우편에 앉아 계신 것과 마지막 날에 세상을 심판하러 오시는 것입니다.

읽어 봅시다
누가복음 24:1~10
십자가를 지시고 무덤 속까지 낮아지신 예수님은 그곳에 오랫동안 머물지 않으셨습니다. 사흘 만에 부활하셔서 제자들에게 보이시고 40일 간 그들과 동행하시다가 그들이 보는 앞에서 하늘로 승천하셨습니다. 지금은 하나님 우편에서 우리를 위하여 중보하고 계십니다. 그분의 높아지심은 단순히 지위의 높아짐, 명예나 권력을 의미하는 것이 아닌 믿는 자들의 구원을 위한 것입니다.

생각해 봅시다

- 지난주에 낮아짐에 대해서 생각해 봤습니다. 그렇다면 반대로 높아지는 것이 무엇이라고 생각하십니까?

부활하신 그리스도

- 인간을 위해 스스로 낮아지신 예수님은 이제 다시 스스로 높아지십니다. 예수님의 부활은 단순히 죽었다가 다시 살아난 놀라운 사건일 뿐 아니라 그분의 하나님 되심을 스스로 증거하는 사건이었습니다. 죄와 율법 아래 죽을 수밖에 없는 인간들과 다르게 예수님은 스스로의 능력으로 부활하셔서 율법의 속박을 벗어버리시고 모든 주를 믿는 인간들에게 부활과 영광의 소망을 주시는 사건입니다.

1. 성경에서는 예수님의 부활에 대해서 어떻게 증거하고 있습니까? 다음의 구절들을 찾아서 읽어 봅시다.

    (1) 고린도전서 15:5, 6

    한 두 사람이 아닌 대단히 많은 사람이 예수님의 부활을 목격했다. 예수님을 추종하는 극히 소수의 무리만이 아니라 믿음이 부족한 사람들에게도 예수님께서는 자신을 나타내 보이셨다.

    (2) 고린도전서 15:17

    예수를 믿음으로 구원을 받는다는 우리의 믿음은 예수님의 부활이 아니면 헛된 믿음이다.

    (3) 누가복음 24:6, 7

    예수님의 부활은 어쩌다 일어난 사건이 아니라 미리 예수님께서 말씀하신 그대로 이루어진 사건이다. 예수님의 인생은 탄생부터 부활, 승천까지 구약에 이미 예언되어 있었고, 예수님 스스로도 자신의 죽음과 부활에 대해서 제자들에게 수차례 말씀하셨다. 그리고 말씀하신 그대로 부활하셔서 제자들을 만나셨다.

2. 예수님의 부활은 단지 영적인 부활이었을까요? 아니면 육체적인 부활이었을까요? 요한복음 20:27을 읽고 이야기해 봅시다.

    예수님의 부활은 영적인 부활이 아닌 육체적인 부활이었다. 그분의 부활하신 육체는 손으로 만질 수 있는 물리적인 육체였으며 그분은 부활하신 이후에도 제자들과 함께 음식을 떼어 나눠 주시고 물고기를 구워 함께 드셨다. 물론 부활 이전의 육체와는 달리 공간을 초월하시고 홀연히 나타나셨다 사라질 수 있는 육체로 변화하였지만 기본적으로 물리적인 육체를 가지고 부활하셨다.

3. 예수님이 부활하신 사건이 우리에게 어떤 의미가 있는지 다음의 구절을 읽고 생각
   해 봅시다.

   (1) 로마서 6:9
       죽음에 매여 살아가는 우리들에게 예수님의 부활은 죽음을 이기시고 그 권세에서 풀려날 수
       있다는 소망을 주신다.

   (2) 고린도전서 15:20
       또한 예수님의 부활은 우리 역시 육체를 가지고 부활할 수 있다는 소망을 주신다.

승천하신 그리스도

• 부활하신 예수님은 40일 간 세상에서 제자들과 많은 사람들에게 보이신 후 하늘
  에 오르셨습니다. 그분은 지금도 하나님 우편에 앉아 계십니다.

1. 예수님의 승천에 대해서 증거하는 복음서의 말씀들을 찾아서 읽어 보고 그분이 승
   천하시면서 남기신 말씀들을 요약해 보고 우리가 할 일을 생각해 봅시다.
   세 구절을 각각 찾아서 읽어 보면 복음을 전파하라는 명령 주셨음을 알 수 있다. 우리의 임무는 하
   나님의 복음을 전파하여 복음을 모르는 사람들에게 하나님의 은혜를 알리며, 아담의 타락으로 저
   주받은 이 땅, 세상을 하나님의 말씀으로 회복시키는 것이다. 우리는 주님의 증인이 되어야 한다.

   (1) 마태복음 28:16~20

   (2) 마가복음 16:14~20

   (3) 누가복음 24:44~53

2. 예수님께서는 승천하셔서 하나님 우편에 앉아 계십니다. 성경에서는 예수님이 지금
   그곳에서 무엇을 하고 계시다고 가르치는지 찾아봅시다.

   (1) 로마서 8:34
       예수님께서는 하나님 우편에서 우리를 위하여 간구하고 계신다. 우리의 죄를 위하여 비시며
       하나님과 우리 사이에서 영원한 화목자가 되신다.

   (2) 요한복음 16:7
       또한 예수님은 하나님께로 올라가셔서 우리를 위해 성령님을 보내주신다. 성령님은 우리 안에
       거하시며 하나님의 말씀을 생각나고, 깨닫게 하고, 순종하게 하신다.

다시 오실 예수님

- 예수님은 다시 오실 것입니다. 그때가 언제인지는 아무도 모르지만, 그분의 재림은 확실히 이루어질 일입니다. 그분은 세상을 심판하실 것입니다. 우리는 예수님의 재림을 준비하면서 하루하루 그분의 뜻대로 살아야 합니다.

1. 마태복음 25:31, 32에서는 예수님의 재림에 대해서 무엇이라고 말씀하고 있습니까?

   예수님께서는 다스림의 권세를 가지고 영광 중에 오셔서 보좌에 앉으실 것이다. 그분은 모든 민족을 그 앞에 모아서 믿는 자와 믿지 않는 자로 나누시고 심판하실 것이다.

2. 마태복음 16:27, 골로새서 3:4, 데살로니가전서 4:13~18을 읽어 보고 예수님의 재림에 대해서 묘사하는 바를 정리해 봅시다.

   마16:27의 행위는 앞뒤 문맥을 살피면 각자 행하는 선하거나 악한 일을 통해 갚으신다는 의미가 아니라 예수님을 믿거나 믿지 않는 것을 의미한다(24절 이하).

3. 사도행전 17:31과 고린도후서 5:10을 읽어 보고 예수님의 심판이 어떤 것인지 생각해 봅시다. 그리고 우리가 어떻게 살아야 할지 결단합시다.

   예수님의 심판은 공의로울 것이다. 우리도 예수님의 공의를 본받아 정의롭게, 예수 믿는 사람답게 이 땅을 살아가야 할 것이다. 우리는 재림 신앙, 종말론적 신앙을 가지고 살아가야 한다. 그것은 예수님의 재림이 멀지 않았다는 믿음이다. 많은 기독교인들이 예수님이 다시 오실 것이라는 사실을 잊은 채 자신을 위하여 하루하루를 살아간다. 그러나 예수님이 곧, 오늘 저녁에라도 오실 수 있다는 사실을 기억한다면 이 땅에서 추구하는 약간의 이득이나 명예, 권세가 얼마나 허무한 것인지를 깨달을 수 있을 것이다. 우리는 이 땅의 것을 추구하는 것이 아닌 하나님의 영광과 존귀를 위하여 살아가야 한다. 이 땅에서 힘써야 할 선한 일, 정의, 각자의 직업에 충실하며 최선을 다하는 것들 모두 땅에서의 이득을 얻기 위해서가 아닌 하나님 명령에의 순종으로 행해야 할 일들이다.

정리해 봅시다

예수님께서는 장사된 지 (사흘) 만에 (부활)하셨습니다. 그분은 40일을 제자들과 함께 지내신 후에 (승천)하셔서 (하나님 우편)에 앉아 계십니다. 그분은 반드시 세상을 (심판)하시기 위해 (재림)하실 것입니다.

실천해 봅시다

부활신앙과 재림하실 주님을 맞이하기 위해 오늘 우리가 할 수 있는 일은 무엇인지 생각해 보고 서로 이야기해 보고 실천합시다.

끝마침 : 예수님의 높아지심은 그분이 가지셨던 삼위 하나님으로서의 권위와 위치를 회복하신 것이며 우리는 예수님께서 잠시 후 재림하시고 영원히 통치하실 것임을 믿는다.

구속에의 참여

핵심교훈 : 성령님께서는 예수님이 이루신 구원 사역을 우리 각자에게 적용하신다.

제29문 우리가 어떻게 그리스도께서 값 주고 사신 구속에 참여하는 사람이 됩니까?

답 그리스도의 성령께서 그 구속을 우리에게 효력 있게 적용하여 주심으로 우리는 그리스도께서 값 주고 사신 구속에 참여하는 사람이 됩니다.

제30문 그리스도께서 값 주고 사신 구속을 성령께서 우리에게 어떻게 적용하십니까?

답 성령께서는 우리를 효력 있는 부르심으로 부르셔서 우리 안에 믿음을 일으켜 주시고 그리스도와 연합하게 하심으로 그리스도께서 값 주고 사신 구속을 우리에게 적용하여 주십니다.

읽어 봅시다
사도행전 10장

유대인이었던 베드로는 구약의 음식규례를 철저히 지키는 사람이었습니다. 그런 그에게 환상 가운데 먹어서는 안될 것들을 먹으라는 하나님의 말씀이 임하였습니다. 그것은 이방인을 향한 복음 전파를 위해 베드로의 생각을 바꾸기 위한 하나님의 일이었습니다. 구원은 하나님께 속한 일입니다. 하나님께서 선택하신 모든 사람은 반드시 구원을 얻게 됩니다. 그리고 베드로를 통해서 고넬료에게 복음이 전해진 것처럼 우리 믿는 사람들은 복음을 전파하는 하나님의 도구로 사용되어야 합니다.

생각해 봅시다

- 믿음은 어떤 것일까요? 내가 믿는다는 증거는 무엇입니까? 서로 이야기해 봅시다.

  로이드 존스는 믿음은 감정이나 느낌이 아니라고 이야기한다. 우리의 믿음은 확실한 근거가 있어야 한다. 그것은 일차로 성경이며 다음으로 성령님이 주시는 확신이다.

구속에의 참여

- 그리스도께서 낮아지심과 높아지심의 위치에서 선지자, 제사장, 왕의 직분을 수행하심으로서 인류를 구원하시려는 하나님의 계획을 성취하셨습니다. 그리스도의 구속은 그분을 믿기로 작정한 사람들에게 절대적인 영향을 끼쳐서 반드시 믿고 구원받게 합니다. 예수 그리스도께서 완성하신 구원을 성령님께서는 이를 믿도록 작정된 자들에게 적용하고 계십니다.

1. 히브리서 9:12을 읽고 우리의 구속이 무엇을 통해 이루어진 것인지 이야기해 봅시다.

   우리의 구속은 예수님의 피흘림으로 말미암아 이루어졌다. 원래 이 피는 죄인인 내가 흘렸어야 하는 피, 하나님의 공의를 만족시키기 위한 내가 받아야 할 형벌이었으나, 예수님께서 나 대신해서 속죄의 피를 흘리심으로 말미암아 내가 구원을 받게 된 것이다.

2. 성경에서는 우리의 구속이 성령님에 의해 적용된다고 증거하고 있습니다. 다음 구절들을 찾아서 읽고 정리해 봅시다.

   (1) 디도서 3:5, 6 성령의 새롭게 하심.

   (2) 요한복음 3:5, 6 물과 성령으로 거듭나야 함.

   (3) 고린도전서 12:13 성령을 마시게 하심, 성령의 내주하심.

   이 세 구절은 모두 예수님의 속죄를 우리에게 적용하시는 것은 성령의 사역임을 보여준다. 새롭게 하고 거듭나게 하고 성령님이 그 안에 내주하시는 사람이 구원을 받는 것이다.

성령께서 하시는 일, 믿음

- 예수 그리스도께서 이루신 구속을 성령님께서 믿는 자들에게 적용하십니다. 그 일은 저절로 이루어지는 것이 아닙니다. 성령님께서는 먼저 믿기로 작정된 자들을 부르시고, 그들 안에 믿음을 일으켜 주시며, 그리스도와 연합하게 하심으로서 이 일을 이루십니다. 부르심에 대해서는 다음 과에서 공부하도록 하고 여기서는 믿음과

연합에 대해서 알아봅시다.

1. 성령님께서는 우리에게 믿음을 주십니다. 믿음이 어디서 나고 믿음의 증거가 무엇이라고 가르치시는지 성경을 통해 알아봅시다.

   (1) 믿음은 어디로부터 오는가: 로마서 10:17, 베드로전서 1:23

   그리스도의 말씀에서 온다. 믿음은 감정의 변화나 느낌이 아니라 말씀의 확실한 증거 위에 서 있어야 한다.

   (2) 믿기 위한 조건은 무엇인가: 에베소서 2:8, 빌레몬서 1:29

   우리의 행위가 아니라 하나님께서 주셔야 하는 것이다. 즉, 행위가 아닌 선물을 조건으로 얻게 된다.

2. 1번 문항을 볼 때 결론적으로 우리에게 믿음이 있다는 증거는 무엇이라고 할 수 있습니까?

   중요하기에 다시 강조하지만, 믿음은 우리의 행위나 노력으로 얻는 것도 아니고 감정이나 느낌의 변화도 아니다. 믿음은 살아계신 하나님의 말씀을 믿는 것이다. 성경에 기록된 내용과 성경에 기록된 하나님의 약속을 믿는 것이 믿음이다. 성경이 태초에 천지를 창조하시고 인간을 만드신 하나님이 계심을 기록하기에 하나님의 존재를 믿으며, 그 하나님을 거역했기에 모든 인간이 죄인이며 죽어야 함을 깨닫고, 그 가운데 어떤 사람들에게 은혜를 베푸셔서 구원자 예수 그리스도로 말미암아 구원하시겠다고 약속하신 그 약속을 믿는 것이다.

성령께서 하시는 일, 그리스도와의 연합

• 믿는 자들은 이제 그리스도와 연합하게 하십니다. 죄로 말미암아 단절되었던 하나님과의 관계가 성령님의 일하심을 통해 다시 회복됩니다.

1. 요한복음 15:5을 읽고 예수님과 연합하는 것이 어떤 것인지 두 가지로 이야기해 봅시다.

   (1) 첫 번째는 내가 그리스도 안에 거하는 것이며

   (2) 두 번째는 그리스도가 내 안에 거하는 것이다.

2. 그리스도와의 연합이 일어나는 것은 두 가지 측면에서 살펴볼 수 있는데 그것은 하나님 편에서의 관점과 인간 편에서의 관점입니다.

(1) 하나님 편에서 볼 때: 요한복음 6:44

하나님이 우리를 부르실 때에만 우리가 하나님께 나아갈 수 있다.

(2) 인간 편에서 볼 때: 요한복음 6:35, 잠언 8:17

하나님께 가까이 가려고 애쓰는 사람이 하나님께 가까이 갈 수 있다.

아우구스티누스와 종교개혁자들에 의하면 이 둘이 다 은혜이다. 하나님이 가까이 하시는 자만이 하나님께 가까이 갈 수 있기에 하나님의 은혜이며, 하나님께 가까이 가고자 하는 의지, 결단, 가까이 가고자 하는 노력도 내 안에서 자생적으로 발생하는 것이 아닌 하나님이 주시는 것이기 때문에 하나님의 은혜이다. 우리의 믿음은 전적으로 하나님의 은혜이다.

정리해 봅시다

예수님의 구원사역은 (**성령님**)께서 그것을 받기로 작정된 자들에게 적용하십니다. 그분은 우리를 (**부르시고**), 우리 안에 (**믿음**)을 주시고, 그리스도와 (**연합하게**) 하심으로 그 일을 이루십니다.

실천해 봅시다

1. 믿음은 들음에서 납니다. 우리 주위에 아직 예수님의 구원을 모르는 자들에게 하나님의 말씀을 전하는 한 주가 되시기를 바랍니다.
2. 그리스도와 연합하기 위해서 우리는 그분을 사랑하고, 간절히 찾아야 합니다. 매일 저녁 잠자리에 들기 전에 하나님과 동행하게 해달라는 기도를 드립시다.

끝마침 : 성령님께서는 우리를 부르시고 믿음을 주시며 이를 통해 그리스도와 연합하게 하시는 방법으로 예수님의 구원을 우리에게 적용하신다.

효력 있는 부르심

핵심교훈 : 성령님은 구원받을 택자들을 효력 있는 부르심으로 하나의 실패도 없이 부르셔서 구원에 이르게 하신다.

제31문 효력 있는 부르심은 무엇입니까?

답 효력 있는 부르심은, 우리가 죄 되고 비참하다는 것을 깨닫게 하시고, 그리스도를 아는 지식 안에 우리의 마음을 밝히시고, 우리의 의지를 새롭게 하시는 성령님의 일이십니다. 이를 통해 그분은 우리를 설득하시며 복음 가운데 값없이 우리에게 주신 예수 그리스도를 영접하게 하십니다.

읽어 봅시다
마태복음 22:1~14
혼인잔치를 베푼 어떤 임금의 비유처럼, 청함을 받아서 잔치 자리에 들어온 사람들은 많지만 그들 가운데 택함을 받아서 끝까지 잔치 자리의 기쁨을 누린 자들은 많지 않습니다. 오늘날 교회를 다니는 모든 사람들이 구원받을 자들로 선택된 것은 아닙니다. 나에게는 하나님의 선택을 받을 믿음이 있는지 생각해 봅시다.

생각해 봅시다

1. 성경의 가르침에 순종하려면 어떻게 해야 할까요?

2. 내 의지와 노력으로 하나님과 동행하는 것이 가능할까요?

효력 있는 부르심

- 복음은 모든 만민을 향해 열려 있습니다. 누구라도 복음을 들을 수 있고 교회에 나올 수 있으며 예배에 참석할 수 있습니다. 그러나 그 모두가 하나님의 선택을 받아 구원 받기로 작정된 사람들은 아닙니다. 선택 받은 사람들은 내적인 부르심을 받은 사람들입니다 성령님께서는 그들을 구원의 자리로 나아올 수 있도록 부르십니다.

1. 디모데후서 1:9을 읽고 다음의 빈칸을 채워 봅시다.

    (1) 하나님은 구원 받을 자들을 거룩한 (**부르심**)으로 부르셨습니다.

    (2) 그것은 우리의 (**행위**)가 아니라 예수님 안에서 주신 (**은혜**)로 하신 것입니다

    (3) 그것은 (**영원**) 전에 이루어졌습니다.

2. 요한복음 3:5, 고린도전서 2:10, 요한계시록 22:17을 찾아서 읽어 보고 하나님의 이 부르심은 누구를 통해 완성되는지 찾아봅시다.

    택자들을 부르시는 부르심은 성령님의 사역이다. 성령께서는 구원받기로 작정된 사람들을 단 한 명도 빠짐없이 모두 부르셔서 구원에 이르게 하신다. 그분은 부르신 자들의 안에서 역사하셔서 그 구원이 완성되도록 일하신다. 우리의 구원은 우리의 행위나 공로의 결과가 아닌 전적으로 하나님의 사역이며 성령님이 베푸시는 은혜임을 기억해야 한다.

부름 받은 자들의 증상: 죄와 비참함을 깨닫게 됨

- 성령님은 구원 받을 자들을 부르십니다. 그리고 그 부르심을 받은 자들에게는 몇 가지 증상이 나타납니다. 첫 번째는 그들이 자신들의 죄와 비참함을 깨닫게 된다는 것입니다. 성령님께서는 그들의 마음에서 그들이 얼마나 죄 가운데 있으며 비참한 지경인지를 깨닫고 회개하게 하십니다.

1. 요한복음 16:8과 사도행전 2:37을 읽고 성령님이 하시는 일을 정리해서 써봅시다.

성령님이 가장 먼저 하시는 일은 아무렇지도 않고 아무 문제 없다고 생각하면 살아가는 우리에게 죄인됨을 깨닫게 하고 그 죄를 책망하시는 일이다. 하나님을 떠난 인간이 얼마나 흉악한 죄인인지를 깨닫게 하는 것이 죄인에게 베푸시는 성령님의 첫번째 은혜이다.

2. 로마서 3:20과 갈라디아서 3:10을 읽고 죄와 비참함을 깨닫는 데 성령님이 사용하시는 방법이 어떤 것인지 이야기해 봅시다.

성령님이 우리의 죄를 깨닫게 하시기 위해 사용하시는 도구는 바로 율법이다. 율법은 그 명령 자체로 우리가 지킬 수 없는 불가능한 일임을 깨닫게 하며, 이는 곧 우리가 율법을 명하신 하나님의 명령을 거역하는, 즉 창조주를 자의로 또는 타의로 거부하는 죄인임을 깨닫게 하는 것이다.

부름 받은 자들의 증상: 마음이 밝아져서 새로운 지식이 생김

• 성령님은 자신의 죄와 비참함을 깨달은 자들의 마음을 밝히십니다. 그리고 예수 그리스도에 대한 새로운 지식을 주십니다. 오직 성령님을 통해서만 예수 그리스도에 대해 바로 알 수 있습니다.

1. 고린도전서 2:10, 12을 읽어 보고 왜 성령님을 통해서만 예수 그리스도를 바로 알 수 있는지 서로 이야기해 봅시다.

그리스도께서 하신 일을 단순히 지식으로 알고 지적으로 이해하는 것만으로는 구원에 이를 수 없다. 성령님께서 우리에게 은혜를 주셔야 진정으로 그리스도가 누구신지, 그리고 나와 어떤 관계인지를 알 수 있다. 성령님은 하나님의 영이시기에 오직 성령님이 우리 안에 계실 때에만 하나님의 은혜도, 그리스도의 구원도 바로 알고 믿을 수 있는 것이다.

2. 다음 성경구절들을 찾아 읽어 보고 다른 새로운 지식은 어떤 것인지 요약해 봅시다.

그리스도에 관한 지식은 단순히 이성적이고 지적인 지식이 아닌 관계에 관한 앎이다. 그리스도에 관해 알게 하시는 것이 아닌 그리스도를 알게 하신다.

(1) 사도행전 4:12

우리에게 주신 구원자는 오직 예수 그리스도 한 분밖에 없다. 다른 구원자, 다른 길을 이야기하는 것은 다 잘못이며 거짓이다.

(2) 히브리서 2:17

앞에서도 설명했지만, 그리스도께서 바로 우리를 위한 제사장과 중보자가 되심을 깨닫는 것이 필요하다. 이 또한 성령님이 은혜를 주셔야만 깨달을 수 있는 지식이다.

(3) 사도행전 26:18

그리스도에 관한 지식은 단순히 지적인 동의로 끝나는 것이 아니라 어둠에서 빛으로, 사탄에게서 하나님으로, 죄에서 의와 거룩으로 바꾸는 지식이다.

부름 받은 자들의 증상: 의지가 생겨남

• 성령님께서는 구원 받을 자들의 의지를 새롭게 하십니다. 하나님을 믿고자 하는 의지, 그분의 뜻대로 살고자 하는 의지를 성령님이 주십니다.

• 에스겔 36:26을 읽고 이러한 의지가 어떻게 생겨날 수 있는지 이야기해 봅시다.

위의 설명처럼 우리 안에 새 영과 새 마음을 주시는 성령님의 은혜로만 의지가 새로워질 수 있다. 우리의 힘과 능력에서 비롯되는 것이 아니다.

설득하시는 성령님

• 성령님은 우리의 마음을 열어 주시고 가르치셔서 하나님의 말씀을 믿고 예수 그리스도를 받아들이게 하십니다.

성령님께서는 이 모든 일을 억지로 하지 않으시고 설득을 통해서 행하신다. 강제로 끌고 가시는 것이 아니라 우리 안에서 부드럽게 설득하시고 역사하신다. 구원은 처음부터 끝까지 성령님의 은혜의 과정이고 결과이다.

• 요한복음 6:44, 45, 사도행전 16:14을 읽고 성령님이 우리 마음 가운데 어떻게 일하시는지 적어 봅시다.

성령님의 설득의 방법은 언제라도 말씀이다. 성경 말씀과 설교를 들을 때, 성령님은 그 말씀을 통해 우리 마음에 가르침을 베푸시고 마음을 열어 그 말씀을 믿고 따르게 만드신다. 그렇기 때문에 성경을 읽고 설교를 잘 듣는 것은 매우 중요하다.

정리해 봅시다

성령님께서는 우리의 (죄악)과 (비참함)을 깨닫게 하시고, (그리스도)를 알게 하시고 우리의 (의지)를 새롭게 하셔서서 예수 그리스도를 (영접)하도록 설득하십니다.

실천해 봅시다

1. 성령님의 부르심을 받아 그리스도를 잘 믿고 있는지 우리의 상태를 점검해 봅시다.
2. 소요리문답 공부를 시작하면서 세웠던 성경읽기 계획이 있습니다. 지금 잘 진행되고 있습니까? 확인하고 성경읽기에 다시 힘을 냅시다.

3. 성령님은 우리의 의지를 새롭게 하셔서 하나님을 믿게 하실 뿐만 아니라, 우리가 하나님의 말씀에 순종하기 위해 노력하게 하십니다. 성경읽기를 하면서 매일 어떤 말씀에 순종해야 하는지 확인하고 순종합시다.

끝마침 : 성령님은 우리가 죄인됨을 깨닫게 하시고, 죄의 문제를 해결하기 위해 그리스도를 알게 하시고, 의지를 새롭게 하셔서 그리스도를 영접하도록 설득하신다. 그리고 그 설득은 언제나 성공하신다.

의롭다 하심

핵심교훈 : 성령님의 효과적인 부르심을 받은 자들은 의롭다 하심, 곧 칭의를 얻게 된다.

제32문 효력 있는 부르심을 받은 사람들이 이생에서 어떤 유익을 얻습니까?

답 이생에서 효력 있는 부르심을 받은 사람들은 의롭다 하심과, 양자됨과, 거룩하게 됨과 또한 이런 것들에서 나오는 다른 유익들을 얻습니다.

제33문 의롭다 하심이 무엇입니까?

답 의롭다 하심은 그분이 우리의 모든 죄를 사하시고 그분의 눈에 우리를 의롭다 여겨 주시는 하나님의 값없이 주시는 은혜입니다. 그분은 그리스도의 의를 우리의 의로 여기시기 때문에 그렇게 하십니다. 의롭다 하심은 오직 믿음으로만 받을 수 있습니다.

읽어 봅시다
야고보서 2:14~26
야고보서는 믿음과 행위의 관계에 대해서 우리에게 잘 설명해 주고 있습니다. 야고보 사도는 행함이 없는 믿음은 죽은 것이라 하며 믿는 자들의 행위에 대해서 설명하고 있습니다. 우리는 믿음으로 의롭다함을 얻지만 행위로 그것을 증명해야 합니다.

생각해 봅시다

• 하나님의 은혜와 믿음, 행위는 서로 어떤 순서와 관계를 가지고 있을까요? 서로 자신의 의견을 이야기해 봅시다.

부르심 받은 자들이 받는 유익

• 하나님의 부르심은 효력이 있어서 부르심 받은 자들은 반드시 구원을 받고 하나님의 백성이 됩니다. 그들은 이 땅에 살면서도 여러 가지 유익을 얻게 됩니다. 그것은 눈에 보이지 않는 영적인 것들도 있고 눈에 보이고 느낄 수 있는 실제적인 것들도 있습니다.

1. 로마서 8:30을 읽고 하나님의 선택과 구원이 어떤 단계를 거쳐서 일어나게 되는지 알아봅시다.

   하나님은 선택한 자들을 먼저 부르신다. 그것이 지난 과의 내용이었다. 그 부르심은 죄를 알게 하시고, 그리스도에 대한 새로운 지식을 주시고, 의지를 새롭게 하셔서 그리스도를 영접하게 하시는 것이었다. 이렇게 영접한 자들에게는 다음과 같은 일이 일어난다. 먼저 그들은 의롭다 함을 얻게 된다. 또한 의롭다 하신 자들을 영화롭게 하신다. 이번 과부터 어떻게 그와 같은 일들이 일어나는지, 그리고 그것을 왜 유익이라고 하는지 알아보자.

2. 고린도전서 1:30, 6:11, 에베소서 1:5을 읽고 그리스도인들이 이 땅에서 받는 유익들에 대해서 정리해 봅시다.

   그리스도인들은 먼저 하나님으로부터 난, 하나님의 자녀, 양자가 된다. 또한 그리스도 예수 안에 있게 된다. 또한 그들은 하나님으로부터 의롭다 함을 얻게 되며, 거룩하게 된다.

의롭다 하심

• 하나님께 부르심 받아 그리스도인이 된 사람들이 이 땅에서 받는 첫 번째 유익은 하나님 앞에서 의롭게 여겨지는 것입니다. 이를 다른 말로 '칭의'라고도 합니다. 우리가 예수님을 구주로 영접하고 그리스도인이 되었다 해도 순식간에 죄가 없는, 죄를 짓지 않는 존재가 되는 것은 아닙니다. 그러나 하나님은 우리를 죄 없는 자로 간주하십니다. 이는 마치 판사가 재판정에 끌려온 죄인에게 무죄를 선고하는 것과 같습니다. 하나님은 우리의 의가 아닌 예수 그리스도의 의를 증거로 받아들여 우리에게 무죄를 선고해 주십니다.

1. 로마서 3:24과 에베소서 2:8, 9을 읽어 보고 이러한 칭의가 어디서 오는지 이야기해 봅시다.

우리 안에 의가 없음에도 그리스도의 의를 보고 우리를 의롭다 해주심은 전적으로 하나님의 은혜이다. 인도자가 계속해서 강조해야 할 것은 우리의 구원은 우리의 공로의 결과가 아닌 전적으로 하나님의 은혜라는 사실이다.

2. 이러한 의롭다 하심은 그리스도의 의를 우리의 의로 여기셔서 우리에게 오는 것입니다. 에베소서 1:7과 로마서 5:19을 읽어 보고 예수 그리스도께서 어떻게 하셨기에 그분의 의가 우리에게 전가되는지 이야기해 봅시다.

그리스도는 성자 하나님이심에도 불구하고 구원을 위한 성부 하나님의 계획에 순종하셨다. 그리고 그 순종을 십자가에서 피흘리심으로 확증하셨다. 그렇기에 그분의 피흘림이 우리에게 은혜가 되고 이로 말미암아 그분의 의가 우리에게 전가되어 의롭다 하심을 얻는 것이다.

믿음으로 얻음

- 의롭다 하심을 얻는 방법은 단 한 가지인데 그것은 믿음입니다. 그런데 우리는 여기에 있어서 두 가지를 잘 기억해야 합니다. 그 첫 번째는 우리가 믿고자 하는 마음을 가지기에 하나님이 우리를 선택하시고 구원하시는 것이 아니라, 하나님이 선택하시고 부르신 자들에게 또한 믿음을 주신다는 것입니다. 우리의 믿음 또한 하나님의 은혜입니다. 두 번째는, 믿음을 가져서 의롭다 하심을 얻은 자들은 반드시 그들의 삶에 변화가 일어난다는 것입니다. 하나님은 자신이 부르시고 구원에 이르게 하신 자들에게 역사하셔서 그들에게 의에 대한 갈망과 변화를 주십니다. 이것은 행위로 구원을 받는다는 율법주의가 아니라 구원 받은 자들은 하나님의 말씀대로 살게 된다는 의미입니다.

1. 시편 130:4과 로마서 4:6~8을 잘 읽고 칭의와 믿음의 관계, 순서에 대해서 생각해 봅시다.

가장 먼저는 하나님의 은혜가 선행한다는 것이다. 우리가 하나님을 믿는 것도 우리의 의지의 결과가 아닌 하나님의 은혜의 결과이다. 또한 은혜로 말미암아 믿음을 가지게 된 자들이 하나님의 칭의를 얻게 된다. 논리적으로 믿음이 먼저이고 믿음의 결과가 칭의이나, 실은 이 모두가 하나님의 은혜의 결과이다.

2. 로마서 3:20과 야고보서 2:26을 읽고 믿음과 행위의 관계에 대해서 서로 이야기해 봅시다.

우리의 행위와 노력, 공로는 믿음을 얻게도, 의롭다 함과 구원을 얻게도 할 수 없다. 행위는 전적으로 믿음과 칭의의 결과이지 전제가 아니다. 또한 위에도 설명했듯이 이 모든 것은 하나님의 은혜의 결과이다.

정리해 봅시다

그리스도인들은 이 땅에서 (유익)을 얻습니다. 그 첫 번째는 (의롭다 하심)을 얻는 것인데, 이를 다른 말로 (칭의)라고도 합니다. 이것은 (행위)가 아니라 오직 (믿음)을 통해서 얻습니다.

실천해 봅시다

일주일 동안 야고보서 전체를 읽고 믿는 자들의 행위가 어떠해야 할지 생각하고 정리해서 다음 주에 서로 발표합시다.

끝마침 : 성령님의 효력 있는 부르심을 받아 믿음을 얻게 된 자들이 받게 되는 첫번째 유익은 칭의, 곧 의롭다 하심을 얻게 되는 것이다. 이것은 우리의 행위의 결과가 아닌 전적으로 하나님의 은혜로 주어지는 믿음의 결과이다.

양자됨과 거룩하게 됨

핵심교훈 : 성령님의 효력 있는 부르심으로 말미암아 구원을 받은 자들은 하나님의 양자가 되며 거룩함을 얻게 된다.

제34문 양자됨이란 무엇입니까?

답 양자됨은 하나님께서 값없이 주시는 은혜의 행위로서 이를 통하여 우리가 그 분께 속한 모든 권리와 특권들을 누리는 그분의 자녀가 되는 것입니다.

제35문 거룩하게 됨이란 무엇입니까?

답 거룩하게 됨은 하나님께서 값없이 주시는 은혜의 행위로서 이를 통해 우리의 전인이 하나님의 형상으로 새롭게 만들어지며, 우리가 점점 더 죄에 대해서는 죽고 의에 대해서는 살게 되는 것입니다.

읽어 봅시다
출애굽기 13:21, 22
이스라엘 백성들이 이집트에서 나와 광야에 이르렀을 때, 그들은 광야에서의 생활을 두려워했을지도 모릅니다. 왜냐하면 광야는 메마르고 건조하며 낮에는 내리쬐는 태양이, 밤에는 추위가 그들을 괴롭히는 곳이었기 때문입니다. 하나님께서는 구름기둥을 통해 낮의 더위로부터, 불기둥을 통해 밤의 추위로부터, 그들을 보호하셨습니다. 하나님께서는 지금도 자신의 백성들, 자신의 자녀들을 지키시고 보호하시는 분이십니다.

생각해 봅시다

• 가난하고 천대받던 고아가 어느 날 갑자기 부잣집의 인격적인 부모님께 양자로 들어가게 된다면 어떤 기분을 느끼게 될까요?

양자로 삼으심

• 부르심 받은 자들이 이 땅에서 누리는 두 번째 유익은 하나님의 양자가 되는 것입니다. 이 세상의 모든 사람은 죄에게 종노릇하고 있습니다. 자기의 의지나 선택으로 세상을 살아갈 수 없어 죄가 이끄는 대로 끌려가는 것이 현실입니다. 그러나 하나님께서 선택하시고, 구원 받은 사람들은 더 이상 죄에게 종노릇하는 죄의 노예가 아닙니다. 그들은 하나님의 양자로서, 자녀의 권리를 누리게 됩니다. 그리고 이것은 지난주에 살펴본 의롭게 여기시는 은혜와 마찬가지로 전적인 하나님의 은혜의 행위입니다.

1. 에베소서 2:3을 찾아서 읽어 보고 하나님을 알기 전 우리들의 상태가 어떠했는지 서로 이야기해 봅시다.

   하나님이 선택하신 택자라 하더라도 성령님이 그 안에서 일하시기 전까지는 비택자와 마찬가지로 죄 안에서 불순종의 아들들로 육체의 욕심을 따라 지내는 죄인이며 하나님의 원수였다. 선을 행할 수도 없고 의로울 수도 없는 죄인의 상태였다.

2. 성경은 우리가 하나님의 양자, 곧 자녀라고 가르치고 있습니다. 다음 구절들을 찾아서 읽고 정리해서 써 봅시다.

   (1) 출애굽기 4:22

   구약 성경에서 이스라엘을 하나님이 장자라 불러 주셨다. 하나님은 그들을 하나님의 주권으로 선택하셔서 그렇게 부르신 것이다. 마찬가지로 지금은 하나님이 또 어떤 사람들을 선택하셔서 그리스도로 말미암아 구원을 얻게 하시고 그들을 하나님의 양자로 삼아 주신다.

   (2) 요한복음 1:12

   예수님의 이름을 믿고 영접하는 자들은 하나님의 자녀가 되는 권세를 주셨다.

   (3) 로마서 8:15, 16

   종은 소망도 없고 상속의 권리도 없으나 양자는 그 아버지의 모든 것을 상속받을 권리가 있다. 마찬가지로 하나님의 모든 사랑하심과 은혜가 그 은혜로 택함받아 하나님의 자녀가 된 자들의 소유이다.

3. 양자로 입양되면 비록 그 부모의 친자식이 아니지만 친자식과 똑같은 권리를 가지게 됩니다. 우리가 하나님의 자녀가 되었을 때 우리에게 어떤 권리가 생기는지 다음의 구절들을 찾아서 읽어 보고 기록해 봅시다.

(1) 시편 121:7

그들은 하나님의 보호하심을 받게 된다. 아버지가 자녀를 사랑하여 보호하듯이 하나님은 자신의 자녀들을 사랑하셔서 보호하신다.

(2) 시편 34:10

하나님은 좋은 아버지가 되셔서 그들의 필요를 알고 채워 주신다. 부모가 자녀를 알듯이 하나님은 우리를 아셔서 우리가 무엇을 필요로 하는지 우리보다 더 잘 아시고 이를 채워 주신다.

(3) 히브리서 12:6

또한 부모가 그 사랑하는 자녀를 위해 사랑으로 훈계하고 징계하듯이, 하나님의 백성이 잘못된 길을 갈 때 하나님은 그들을 사랑으로 징계하시며 옳은 길로 이끄신다.

(4) 요한일서 5:14, 15

하나님은 그 자녀들의 기도를 들으시고 응답하신다.

(5) 로마서 8:17

하나님의 자녀들은 결국 천국을 그 유업으로 얻게 된다.

4. 마태복음 5:11, 12과 로마서 8:17을 읽어 보고 이러한 권리를 얻기 위해서 또한 어떻게 해야 하는지 이야기해 봅시다.

이 모든 하나님의 은혜를 받아 양자의 권세를 누리기 위해 그분의 자녀들은 그분을 거역하는 세상에서 마땅히 거부당하며 고난당할 줄을 알고 고난 가운데 인내해야 한다.

거룩하게 됨

• 하나님께 부르심 받은 자들은 또한 이 땅에서 거룩하게 됨이라는 유익을 얻게 됩니다. 앞서의 칭의와 양자됨이 밖으로부터 주어진 것이고 겉으로 드러나는 변화가 없는 유익이었다면, 거룩하게 됨은 우리 안에서 일하시는 성령님의 역사이며 실제적인 변화가 일어나는 것입니다. 이 역시 우리에게 어떤 가치나 선이 있어서 받는 것이 아닌 전적인 하나님의 은혜의 행위입니다.

1. 고린도후서 5:17, 에베소서 4:23, 24은 부름 받은 자들의 거룩을 위해서 먼저 이루

어져야 할 것에 대해 이야기하고 있습니다. 찾아서 읽어 보고 무엇인지 이야기해 봅시다.

거룩함을 입기 위해 먼저 그리스도인은 그리스도 안에 머물러야 한다. 이는 세상이 요구하는 가치관과 세상이 추구하는 복을 추구하는 것이 아니라 그리스도 안에 거하며 그분의 명령에 따라야 한다는 것을 의미한다.

2. 소요리문답은 거룩하게 되는 것을 두 가지로 설명합니다. 어떤 것인지 다음 구절을 읽어 보고 서로 이야기해 봅시다.

   (1) 로마서 6:11, 12
      우리는 먼저 우리 자신을 죄에 대하여 죽은 자로 여겨 죄가 우리를 지배하지 못하도록 해야 한다.

   (2) 로마서 6:13, 에스겔 36:25~27
      우리는 의에 대해서 살아야 한다. 그것은 우리 몸과 우리 인생을 하나님께 드려 하나님의 일에 헌신해야 한다.

정리해 봅시다

부름받은 자들이 이 땅에서 받는 유익은 먼저 (하나님)의 (양자)가 되는 것이고 또한 (이 땅)에서 (거룩함의) 능력을 얻는 것입니다.

실천해 봅시다

1. 하나님의 자녀로서 이 땅을 살아가기 위해서 어떻게 해야 할지 생각해서 적어 옵시다.
2. 성경에서 가르치는 거룩은 어떤 것인지 성경구절을 세 군데 이상 찾아 옵시다.

끝마침 : 성령님의 은혜로 구원받은 그리스도인은 하나님의 자녀로서 자녀의 특권을 누리게 되며, 죄에 대해서는 죽고 의에 대해서는 사는 거룩함을 얻게 된다.

그 밖의 유익들

핵심교훈 : 그리스도인은 이 땅에서 그 밖에도 여러 가지 유익들을 얻게 된다.

제36문 이생에서 의롭다 하심과 양자됨과 거룩하게 됨과 함께 오거나 그것들로부터 나오는 유익은 무엇입니까?

답 이생에서 의롭다 하심과 양자됨과 거룩하게 됨과 함께 오거나 그것들로부터 나오는 유익은 하나님의 사랑을 확신함과 양심의 평화와 성령 안에서의 기쁨과 오래 참음과 우리 삶의 끝까지 은혜 안에서 자라가는 것입니다.

읽어 봅시다
시편 6편

밧세바와 동침하고 그녀의 남편 우리아를 전장에서 죽게 만든 다윗. 왕궁을 짓고 편안하다, 안전하다 하며 죄에 빠져 든 다윗에게 하나님께서는 선지자 나단을 보내십니다. 그리고 나단을 통해서 다윗의 죄악을 통렬히 꾸짖으셨습니다. 그 앞에서 다윗은 바로 회개하며 하나님의 은혜를 구합니다. 하나님은 선택하신 백성을 결코 놓지 않으십니다. 하나님은 나단을 통해 다윗을 꾸짖으셨을 뿐만 아니라 다윗의 안에서 이미 죄악을 깨닫고 뉘우치도록 역사하시고 계셨습니다. 하나님은 자신의 백성을 끝까지 참고 인내하시면서 이끄시는 분이십니다.

생각해 봅시다

• 여러분은 약속을 소중히 여깁니까? 한 번 맺은 약속은 어떤 어려움이 있어도 끝까지 지키는 편입니까? 서로 약속을 지키는 것에 대해서 이야기해 봅시다.

하나님의 사랑을 확신함

• 하나님의 선택을 받아서 부름 받고, 의롭다 하심을 얻고, 양자가 되어 성화의 과정 가운데 있는 사람들은 거기에서 비롯된 또 다른 유익을 얻게 됩니다. 그 첫 번째는 하나님이 우리를 사랑하신다는 사실을 확신할 수 있다는 것입니다. 그것은 먼저 성경의 말씀이 믿어지는 것으로 나타납니다. 하나님의 선택을 받은 사람은 성경의 말씀과 약속이 믿어집니다. 그리고 그 성경은 우리가 하나님의 사랑을 받는 존재임을 가르치고 있습니다.

1. 로마서 5:5을 찾아서 써 보고 우리 마음에 이러한 확신이 있는지 서로 이야기해 봅시다.

   하나님의 자녀 된 자들의 소망은 하나님의 사랑을 확신하는 것이기 때문인데, 이는 우리 안에 거하시는 성령님의 사역이다. 즉 우리의 힘으로, 우리의 공로로 하나님이 우리를 사랑하실거라 확신하는 것이 아닌, 하나님의 전적인 은혜로, 우리 안에 내주하시는 성령님의 전적인 역사로 하나님의 사랑을 확신할 수 있는 것이다. 우리 행위에 근거한 확신이 아니다.

2. 베드로후서 1:10, 요한일서 5:13, 히브리서 6:11, 12을 찾아서 읽어 보고 이 확신이 어떻게 이루어지는지 이야기해 봅시다.

   하나님의 전적인 은혜로 우리를 사랑하시고, 하나님의 사랑을 확신케 하셨다면 이제 이 사랑에 대해서 반응해야 한다. 그것은 요일 5:13에서 말씀하신 것과 같이 우리에게 보내신 편지, 즉 성경의 말씀을 통해 할 수 있다. 하나님의 사랑으로 영생이 있음을 알았다면 부지런히 그 약속을 믿고 오래 참음으로 우리 믿음의 선배들을 본받아야 한다.

3. 로마서 8:35, 38, 39을 읽어 보고 우리를 향하신 하나님의 사랑이 어떠한 것인지 이야기해 봅시다.

   하나님의 사랑은 이 세상의 그 어떤 것도 끊을 수 없는 사랑이다. 왜냐하면 하나님은 창조주이시고 창조주의 의지와 사랑은 그 어떤 피조물이라도 거부하거나 부인하거나 끊어 버릴 수 없기 때문이다. 우리의 소망이 여기에 있다. 우리의 어떠한 것이 아닌 창조주 하나님의 의지와 사랑으로 우리를 사랑하시고 은혜를 주신다.

양심의 평안함과 성령 안에서의 기쁨

• 또한 하나님의 선택을 받아 구원받은 자들은 양심의 평안함과 성령 안에서의 기쁨을 누릴 수 있습니다. 우리는 아직 육체를 입고 이 땅에 살고 있기에 죄 짓는 것을 완전히 끊을 수는 없습니다. 그러나 예수 그리스도의 속죄로 말미암아 의롭다 함을 얻게 되었기에 하나님과의 관계가 회복되었습니다. 이를 통해 우리는 양심의 평안을 누릴 수 있습니다. 또한 죄에서 자유로워지고 성령님이 우리 안에 계시기 때문에 세상이 줄 수 없는 기쁨을 누릴 수 있습니다.

1. 다음 구절들을 찾아서 읽어 보고 성경에서는 양심의 평안함에 대해서 어떻게 이야기하고 있는지 설명해 봅시다.

    (1) 로마서 5:1

    하나님의 은혜의 결과이다. 하나님의 은혜로 우리를 의롭다 해주시기 때문에 우리는 하나님과 화평할 수 있다. 약한 인간의 보잘것없는 능력으로 얻을 수 있는 소망과 화평이 아니고, 창조주 하나님께서 보장하시고 지키시는 소망과 화평이기에 우리는 양심의 평안함을 얻을 수 있다.

    (2) 요한복음 14:27

    이 평화는 세상이 주는 것과 같이 한시적이고 한계가 있는 것이 아닌 금생과 내생에 소망을 주는 완전한 평화이다.

2. 로마서 14:17을 읽어 보고 세상의 기쁨과 성령님이 주시는 기쁨이 어떻게 다른지 서로 이야기해 봅시다.

    죄인으로 죽을 수밖에 없는 인간은 그 죄와 죽음의 문제를 해결하기 위해 최선을 다한다. 그러나 인간이 고안한 방법으로는 진정한 평화와 기쁨을 얻을 수 없다. 참된 기쁨은 죄와 죽음의 문제에서 놓임받는 것이며, 이는 인간의 노력으로 얻을 수 있는 것이 아니다. 오직 하나님이 주시는 은혜로만 가능하다.

은혜의 증가와 견인(끝까지 견딤)

• 하나님의 선택을 받은 자들은 또한 그 은혜가 증가하며 은혜 가운데서 끝까지 견딜 수 있는 능력을 얻게 됩니다. 하나님은 그 사랑하시는 자에게 날마다 은혜를 더하십니다. 또한 하나님의 사랑을 받은 자들은 그 앞에 어떤 일이 있어도 끝까지 견디게 됩니다. 특히 이 견인의 교리는 매우 중요합니다. 하나님의 사랑을 맛본 자들은 그 사랑 안에 거하려 합니다. 그런데 사실 그것 역시 하나님의 은혜입니다. 하나

님은 자신이 선택한 자를 잃어버리지 않으십니다.

1. 다음의 구절들을 읽어 보고 하나님의 은혜에 대해서 성경이 어떻게 표현하고 있는
   지 살펴봅시다.

   (1) 잠언 4:18

      하나님의 손으로 만드신 인간은 오직 하나님의 빛 안에 거할 때에만 자신이 살아야 할 길을
      완전히 알 수 있고 그 길로 갈 수 있다. 세상에서 아무리 좋아 보이는 것이 있다 하더라도, 창
      조주 하나님의 품을 떠나서 인간은 그 어떤 것에서도 기쁨과 만족과 평안을 누릴 수 없다.

   (2) 베드로후서 3:18

      그 은혜는 오직 우리를 위하여 이 땅에 오신 그리스도의 은혜와 그분을 아는 지식 안에서만
      가능하다. 그 지식은 이성적 지식만이 아닌 관계적 지식이며 말씀과 기도를 통해 날마다 그리
      스도와 동행함으로서만 얻을 수 있는 앎이다.

2. 신구약을 막론하고 성경은 하나님께서 자신이 선택한 자들을 포기하지 않는 것을
   가르치고 있습니다. 예레미야 32:40, 베드로전서 1:5을 대표로 찾아서 읽고 정리해
   봅시다.

   하나님의 오래 참으심은 하나님의 언약에 근거한 것이다. 하나님은 전지전능하신 분으로 그분이
   하신 말씀은 반드시 이뤄질 뿐 아니라 한걸음 더 나아가 하나님이 자신의 의지로 자신의 말씀을
   이루신다. 우리는 그분의 약속 안에서 평안을 누릴 수 있다.

3. 때로는 교회를 다니고 은혜를 받았던 자들이 믿음에서 떠난 것을 볼 때가 있습니
   다. 성경에서는 이에 대해서 어떻게 가르치고 있는지 요한일서 2:19을 찾아서 읽고
   서로 이야기해 봅시다.

   성경은 그런 자들에 대해서 단호하게 그들은 원래부터 우리 안에 거하는 자가 아니었다고 선언하
   고 있다. 물론 일시적으로 하나님의 백성이 하나님의 품을 떠난 것처럼 보일 때가 있을 수도 있다.
   그러나 어떤 사람이 이 도를 떠나서 죽는 순간까지 하나님을 부인하고 이 도를 거부한다면 그는 이
   전에 어떤 행위를 했건 그것은 단순한 종교심이었을 뿐, 진정으로 하나님의 선택을 받고 하나님을
   사랑하는 자가 아니었다고 할 수 있을 것이다. 그러나 그 끝이 어떨지를 우리는 알 수 없기에 그 사
   람이 죽는 순간까지 우리는 그에게 복음을 전하기 위해 애써야 한다.

정리해 봅시다

하나님의 선택을 받아 구원받은 자들은 (**하나님의 사랑**)을 확신하고 (**양심**)이 평안하며 성령 안에서 (**기쁨**)을 누리게 되고 (**은혜**)가 많아지며 끝까지 (**인내**)합니다.

실천해 봅시다

한 주 동안 나를 사랑하시는 하나님의 사랑의 증거가 내 삶에 어떻게 나타나는지 살펴보고 적어 옵시다.

끝마침 : 특히 이 여러 가지 유익들 가운데 가장 중요한 것은 끝까지 견디는 인내이다. 하나님이 우리의 죄에 대해서, 이 땅에서 우리의 삶에 대해서 끝까지 참아 주시기에 우리 역시 하나님나라에 가기까지 끝까지 인내할 수 있는 것이다.

죽을 때 받는 유익들

핵심교훈 : 그리스도인들은 이 땅에서만 아니라 죽을 때에도 유익을 얻게 된다.

제37문 신자들이 죽을 때에 그리스도로부터 받는 유익은 무엇입니까?

답 신자들이 죽을 때에, 그들의 영혼은 완전히 거룩하게 되고 즉시 영광으로 들어가게 됩니다. 그리스도와 여전히 연합되어 있는 그들의 몸은 부활 때까지 무덤에서 쉬게 됩니다.

읽어 봅시다
누가복음 16:19~31
부자와 거지 나사로의 비유는 우리에게 하나님이 선택하신 자들의 죽음 이후에 대해 잘 보여주는 예수님의 비유입니다. 또한 이 비유는 영원한 기쁨과 영원한 고통이 우리가 살고 있는 바로 이 땅에서 결정된다는 것을 가르치고 있습니다. 이 땅에서 부자로 즐겁게 사는 것보다 영원한 하나님의 나라를 바라봅시다.

생각해 봅시다

• 죽음 다음에 우리는 어떻게 될까요? 지금까지 죽음 이후의 세계에 대해서 어떻게 생각해 왔는지 서로 이야기해 봅시다.

영혼의 유익

• 신자들은 이 땅에 살아 있을 때뿐만 아니라 죽을 때에도 예수님이 주시는 유익을 얻게 됩니다. 그 첫 번째는 우리의 영혼이 유익을 얻게 됩니다. 육체와 분리된 영혼은 하나님 앞에 완전히 거룩하게 됩니다. 또한 죽음의 순간 우리의 영혼은 그 즉시 하나님의 영광에 들어가게 됩니다.

1. 우리는 이 땅에서 살아가는 동안에는 완전함을 얻을 수 없습니다. 그러나 죽음을 지나 도착한 곳에서 우리의 영은 온전해집니다. 히브리서 12:22~24을 읽어 보고 그 곳에서 우리 영혼의 상태와, 거기 동참하는 존재들은 누가 있는지 알아봅시다.
   거기서 우리는 하나님이 만드신 모든 천사들과 우리보다 먼저 죽은 신자들과 하나님을 만나서 함께 거하게 될 것을 믿는다.

2. 신자들이 죽을 때 그들의 영혼은 완전한 거룩을 얻게 됩니다. 그것이 어떤 것인지 다음 두 구절을 찾아서 읽고 서로 이야기해 봅시다.
   (1) 요한계시록 21:27
       죄의 오염에서 완전한 자유를 얻게 되며 심지어는 죄의 경향성에서도 자유케 된다. 죄를 짓고자 하는 의지나 소원조차 없어져 완전한 자유를 얻게 된다.

   (2) 에베소서 4:13
       이 세상에서 하나님과 그리스도에 대해 완전히 아는 것은 불가능하나 천국에서 우리는 그리스도를 완전히 알 수 있는 지식을 얻게 된다.

3. 또한 신자들이 죽을 때에, 그들의 영혼은 즉시 영광으로 들어가게 됩니다. 그 영광은 어떤 것인지 다음의 구절들을 찾아서 읽어 보고 세 가지로 이야기해 봅시다.
   (1) 요한복음 14:2
       그곳에는 우리가 거할 곳이 많다. 이 땅에서 우리는 완전한 만족과 충만함을 얻지 못하나 그곳에서 우리는 완전한 만족을 얻게 된다.

(2) 고린도후서 5:8

그곳에서 우리는 그리스도와 완전한 교제를 하게 될 것이다. 얼굴과 얼굴을 맞대고 그분을 볼 것이며 그분과의 완전한 사랑과 교제의 관계에 들어가게 될 것을 믿는다.

(3) 요한계시록 14:13

그곳에서 우리는 완전한 안식을 얻게 된다. 우리의 모든 수고가 그치고 주님이 주시는 완전한 안식과 쉼을 얻게 되며 이 땅에 살면서 한 수고를 완전히 보상 받게 된다.

육체의 유익

• 많은 종교들이 인간의 육체는 쓸모가 없고 거추장스러우며 벗어 버려야 마땅한 것으로 가르칩니다. 그러나 우리 기독교는 인간의 육체가 인간의 영혼과 똑같은 가치를 가지고 있다고 믿습니다. 인간의 육체는 하나님께서 자신의 손으로 직접 만드셨습니다. 예수님은 완전하신 하나님이셨지만 인간의 육체를 입고 이 땅에 내려오셨으며 육체 그대로 하늘로 올라가셨습니다. 모든 인간은 죽게 되고 육체는 땅에 묻혀 썩지만 그것이 끝이 아닙니다. 육체적으로 죽었을 때에도, 예수님이 부활하실 때 함께 부활할 때에도, 우리 신자들의 몸은 그리스도에게서 유익을 얻게 됩니다.

1. 인간의 육체는 죽어서 무덤에 묻혀 썩어 가고 있을 때라도 유익을 얻게 됩니다. 그 첫 번째 유익은 그런 상태일 때에도 여전히 그리스도와 연합하고 있다는 것입니다. 그 증거를 성경에서 찾아봅시다.

(1) 데살로니가전서 4:14

우리의 육체는 비록 썩어서 흙으로 돌아가나 그것으로 끝이 아니다. 부활의 날에 우리 몸이 다시 부활할 것을 소망하며 육체 역시 완전한 평안과 쉼을 얻게 된다.

(2) 욥기 19:26

(And after my skin has been destroyed, yet in my flesh I will see God)한국어 번역은 육체 밖에서 하나님을 본다고 되어 있으나 실은 육체 안에서 하나님의 영광을 본다는 의미이다. 예수님이 재림하실 그때에 우리는 다시 우리 육체의 눈으로 그분을 보고 맞게 될 것이다.

2. 앞에서 신자가 죽을 때, 그 즉시로 신자의 영혼은 거룩한 곳으로 들어간다는 것을 배웠습니다. 이제 신자의 육체는 무덤에 묻히게 됩니다. 성경은 신자의 육체가 그 무덤 안에서 잠자며 쉰다고 가르치고 있습니다. 이사야 57:2, 데살로니가전서 4:14 을 읽고 확인해 봅시다.

밤에 잠을 자듯이 우리의 육체는 무덤에서 잠자게 될 것이다. 다시 한번 강조하지만 우리 육체는 썩어서 흙으로 돌아가 끝나는 것이 아닌 그리스도의 재림시까지 무덤 안에서 안식하는 것이다.

정리해 봅시다

신자들은 죽어서 (영혼)의 완전함을 얻어 즉시 (영광) 중에 들어가게 되며 그들의 (육체)는 그리스도와 연합하여 (안식)을 얻습니다.

실천해 봅시다

오늘 저녁 예수님이 재림하시더라도 후회 없는 삶이 되기 위해 지금 바꿔야 할 나쁜 습관 세 가지를 적어 보고 어떻게 바꿀지 계획을 세웁시다.

끝마침 : 그리스도인은 죽어서 소멸하는 것이 아니라 그 영혼은 하나님께 돌아가 영광을 얻게 되며 그 육체는 땅에 묻혀 쉼을 얻게 된다.

부활할 때 받는 유익들

핵심교훈 : 그리스도인들은 예수님의 재림과 몸의 부활을 믿는 자들이다.

제38문 신자들이 부활할 때에 그리스도로부터 받는 유익은 무엇입니까?

답 부활할 때에 신자들은, 심판의 날에 죄 없음이 공적으로 알려지고 선포되며, 하나님의 충만하신 기쁨 안에서 완전한 복을 영원토록 누릴 것입니다.

읽어 봅시다
요한계시록 21장
요한계시록 21장은 장래의 천국에 대해서 보여주고 있습니다. 그곳은 각종 보석과 금은으로 치장되어 있으며 온갖 영광이 가득한 곳입니다. 그리고 그 모든 값진 것보다 더욱 큰 복은 하나님이 우리와 영원토록 함께하신다는 사실입니다.

생각해 봅시다

• 우리는 천국에 들어갈 소망을 가지고 이 땅에서 살아가는 사람들입니다. 지금 이 세상에서 천국 백성으로 살 수 있을까요? 어떻게 하는 것이 천국 백성으로 살아가는 것일까요? 서로 이야기해 봅시다.

신자의 부활

• 인간의 죽음은 그대로 끝이 아닙니다. 예수님께서는 반드시 다시 이 땅에 오실 것입니다. 그리고 그날에 우리 육체는 쉼을 끝내고 부활하여 재림하시는 예수님을 눈으로 보게 될 것입니다. 그날이 언제인지는 아무도 알 수 없지만 예수님이 다시 오시고, 우리의 육체가 부활할 날이 반드시 온다고 성경은 가르치고 있습니다.

1. 요한복음 5:28, 데살로니가전서 4:16을 찾아서 읽어 보고 마지막 날의 부활이 영적인 것인지, 아니면 육체의 부활도 있는지 알아봅시다.

    예수님이 재림하실 때 우리의 육체도 부활하게 된다. 오랜 세월 동안 무덤에서 썩어 우리의 육체의 흔적이 온 세상 가운데 흩어져 버렸더라도 하나님께서는 이를 다시 모아 우리의 육체로 부활시키실 것을 믿는다. 우리는 영혼만이 아니라 육체가 부활해서, 그리스도인들은 자신의 육체로 영생에 들어가게 될 것이며 택함을 받지 못한 자들은 자신의 육체로 영벌에 들어가게 될 것을 믿는다.

2. 성경에서 이야기하는 부활은 어떤 것인지 다음 구절들을 통해 알아봅시다.

    (1) 요한복음 5:29

    그리스도인만이 부활하는 것이 아니라 그리스도인은 생명의 부활로, 악인들은 심판의 부활로 나오게 될 것이다.

    (2) 마가복음 12:24~27

    부활한 후 우리의 육체와 삶은 지금 이 땅에서의 육체와 삶과는 다른 것이 될 것이다.

    (3) 고린도전서 15:42, 43

    그리스도인들은 예수님과 함께 세상과 심지어는 천사들까지도, 즉 하나님이 지으신 모든 피조물들을 심판하게 될 것이다. 이는 생육하고 번성하며 충만하고 다스리라는 태초의 명령의 완전한 성취가 될 것이다.

심판의 날

• 예수님께서 재림하시면 이 땅에 심판의 날이 오게 됩니다. 그날은 양과 염소를, 죄인

과 의인을, 신자와 불신자를 나누는 날이 될 것입니다. 그날에 신자들은 그들의 죄가 없음을 공식적으로 인정받게 될 것입니다. 믿지 않는 자들에게는 두려움과 고통의 날이 되겠지만, 믿는 신자들에게는 한없는 기쁨과 회복의 날이 될 것입니다.

1. 심판의 날에 신자들에게 어떤 일이 일어날지 다음의 구절들을 찾아봅시다.
   (1) 마태복음 24:31
   그때 온 땅 구석구석에 있는 모든 그리스도인들을 한자리로 불러 모으실 것이다.

   (2) 데살로니가전서 4:16, 17
   그리스도인들은 주 예수님을 영접하기 위해 구름 속으로 이끌림을 받게 될 것이다.

   (3) 마태복음 25:34
   그리스도인들은 예수 그리스도의 우편, 즉 옳은 편에 서게 될 것이다.

   (4) 고린도전서 6:2, 3
   그리스도인들은 악한 천사와 악한 사람들을 심판하기 위해 그리스도와 함께 앉게 될 것이다.

2. 심판의 날에 신자들이 받는 유익들에 대해서 다음 구절들을 통해 알아봅시다.
   (1) 마태복음 10:32
   그리스도인들은 그리스도에 의해 공적으로 그분의 소유이며 의인임을 인정받게 될 것이다.

   (2) 로마서 8:33, 34
   그리스도인들은 더 이상의 중상과 비방과 모함에서 벗어나 의인으로 인정받게 될 것이다.

   (3) 디모데후서 4:8
   하나님께서는 그리스도인들에게 면류관을 씌워 주시며 주와 함께 왕노릇하게 될 것이다.

천국에서 받을 영원한 유익

• 신자들은 예수 그리스도와 함께 천국에 들어가게 될 것입니다. 그곳에서 신자들은 한없는 복과 기쁨을 영원토록 누리며 살게 될 것입니다.

1. 다음 구절들을 찾아서 읽어 보고 천국에서 신자들이 받게 될 복이 어떤 것인지 알아봅시다.

(1) 에베소서 5:27

모든 악과 죄와 비참함에서 놓임받게 되어 완전한 자유를 얻게 된다.

(2) 요한계시록 21:4

다시는 눈물이나 애통한 것이 없이 완전한 기쁨을 얻게 될 것이다.

(3) 고린도전서 13:12

그리스도의 얼굴을 직접 보게 되며 그분과의 완전한 교제에 들어가게 될 것이다.

2. 천국에서 신자들은 어떤 기쁨을 누리게 될까요? 다음 구절들을 찾아서 읽고 서로 이야기해 봅시다.

(1) 시편 16:11

주께서 주시는 완전한 기쁨을 얻게 된다.

(2) 요한일서 3:2

주님의 참모습을 그대로 볼 수 있는 것은 그 무엇과도 바꿀 수 없는 기쁨이 될 것이다.

3. 위의 두 가지, 즉 천국에서의 복과 즐거움은 결국 무엇 때문에 오는지 데살로니가전서 4:17의 말씀과 함께 그 이유를 설명해 봅시다.

그것은 더 이상의 분리나 외면함 없이 주님과 언제나, 그리고 영원히 함께하게 될 것이기 때문이다.

정리해 봅시다

부활할 때 신자들은, 그들의 (의로움)이 공적으로 인정되고 (그리스도 안)에서 완전한 (기쁨)과 (만족)을 (영원)히 누리게 됩니다.

실천해 봅시다

1. 예수님이 재림하신 후 천국에서의 복과 기쁨을, 완전하지는 않지만 이 땅에서도 누릴 수 있습니다. 그것은 하나님의 통치에 복종하는 것입니다. 하늘나라 백성으로 살아가기 위해 이 땅에서 해야 할 일을 한 가지씩 구체적으로 생각해 봅시다.
2. 소요리문답 21문에서 38문까지의 내용을 숙지해 봅시다.

끝마침 : 주께서 재림하실 때 우리는 육체로 부활하여 그리스도 안에서 완전한 기쁨과 만족을 누리게 될 것이다. 이는 영원하고 무한한 것이 될 것이다.

어떻게 살 것인가?

사람에게 요구하시는 것

핵심교훈 : 구원받은 그리스도인들에게 하나님은 하나님의 말씀에 순종할 것을 명하신다. 이 하나님의 명령은 십계명에 나와 있다.

제39문 하나님께서 인간에게 요구하시는 것은 무엇입니까?

답 하나님께서 인간에게 요구하시는 것은 그분이 계시하신 뜻에 순종하는 것입니다.

제40문 인간이 순종하도록 하나님께서 처음으로 계시하신 규례는 무엇입니까?

답 그분이 처음으로 계시하신 규례는 도덕의 법칙입니다.

제41문 도덕의 법칙은 어디에 요약되어 있습니까?

답 도덕의 법칙은 십계명에 요약되어 있습니다.

읽어 봅시다
시편 119:105
시편 119편은 성경에서 가장 긴 장입니다. 전체 176절로 구성되어 있는데, 각 절마다 반드시 하나님의 말씀, 율법, 계명, 법도 등의 단어들을 포함하여 하나님의 말씀에 순종할 것을 결단하며 다른 사람들에게 촉구하고 있습니다. 하나님의 말씀에 순종하는 것이 부르심 받은 신자들에게는 인생에 있어서 가장 중요한 일입니다.

생각해 봅시다

• 무언가 잘못된 일을 하려 할 때, 이렇게 해선 안되는데 하는 마음의 소리를 들어본 적이 있나요? 그런 양심은 어디서 온 것일까요?

하나님이 요구하시는 것, 순종

• 하나님은 창조주이십니다. 그분은 세상 모든 것과 우리를 지으셨으며 주권을 가지신 분이십니다. 그분은 왕이시며 또한 우리에게 은혜를 베푸시는 분이십니다. 피조물이 창조주에게 순종하는 것은 당연한 일입니다. 우리는 그분의 뜻에 순종해야 합니다.

1. 사무엘상 15:22, 23을 찾아서 읽고 외웁시다. 그리고 순종과 불순종에 어떤 차이가 있는지 생각해 봅시다.

   하나님에 대한 순종은 종교적 행위를 우선한다. 예배나 기도나 찬양도 그 이유와 목적과 방법이 하나님의 말씀에 근거해야지 인간의 열심과 욕망이 근거가 돼서는 안된다. 하나님 말씀에 대한 순종 자체가 예배이며 제사이다. 반대로 우리가 하나님을 믿고 섬기는 자라 스스로 이야기한다 하더라도 하나님의 말씀에 불순종한다면 비록 점을 치지도 않고 돌과 나무에 절하지 않는다 하더라도 우상을 섬기는 것과 마찬가지이다.

2. 하나님께 순종하는 것은 어떤 것을 의미하는지 미가서 6:8을 읽고 이야기해 봅시다.

   하나님께 순종하는 것은 언제나 공의를 행하고 인자이신 예수님을 사랑하며, 자신의 힘으로 인생을 살 수 있다는 교만을 버리고 겸손해져서 하나님의 말씀을 따르며 하나님과 동행하는 것이다.

도덕의 법칙

• 하나님께서 자신의 형상대로 인간을 창조하셨기 때문에, 하나님의 성품인 의와 선하심이 인간에게도 있었습니다. 비록 선악과를 따먹고 타락해서 왜곡됐을지라도 하나님의 은혜로 그 성품의 흔적이 남아서 인간의 마음에는 도덕의 법칙이 남아 있습니다. 그것은 바로 양심입니다. 그리스도인이건 그렇지 않건, 세상 모든 사람들의 마음에 남아 있는 양심, 도덕은 하나님이 주신 것으로 하나님 형상의 흔적입니다.

1. 창세기 2:16, 17을 읽고 순종해야 할 하나님의 최초의 명령은 무엇이었고 이를 바탕으로 도덕 법칙의 최고의 기준은 무엇인지 생각해 봅시다.

   최초의 명령은 선악과를 따 먹지 말라는 것이었다. 이를 우리는 행위언약이라 부르며 하나님의 명령에 대한 순종과 불순종이 이 언약의 핵심이었다고 이야기한다. 결국 모든 사람들의 도덕과 양심이라는 것도 결국 하나님의 명령에 대한 반응임을 알아야 한다. 종교와 관련된 것만 아니라 이 세상의 모든 죄악은 근본적으로 하나님의 명령에 불순종하며 거기서 떠나 있는 것이다.

2. 로마서 2:14, 15을 읽고 양심의 법칙과 율법과의 관계에 대해서 이야기해 봅시다.

구체적인 율법을 받지 못한 이방인들에게는 그들 안에 하나님이 은혜로 남겨 놓으신 양심이 그들에게 율법이 된다. 지금까지 이야기한 내용에 유추한다면 율법은 먼저 사람의 마음에 새겨 놓으신 양심이고, 십계명을 포함한 성경의 율법은 이를 문자로 적어서 정리해 놓은 것이라고까지 말할 수도 있을 것이다.

십계명

- 십계명은 우리에게 주신 하나님의 도덕의 법칙을 요약한 것입니다. 하나님께서는 우리 마음에 도덕의 법칙을 주셨을 뿐만 아니라 그것을 누구나 알아볼 수 있는 글로 정리해 주셨습니다. 하나님이 우리에게 요구하시는 모든 행동의 기준은 그 골자가 십계명에 들어 있습니다. 비록 이 땅에서 살면서 그 율법의 내용을 다 지키는 것은 불가능하며, 또 율법을 지킴으로써 구원을 받을 수 있는 것이 아닙니다. 그러나 하나님께서는 구원받은 자들에게 이 율법을 지킬 수 있도록 의지를 주시고 지킬 수 있는 힘을 은혜로 더하십니다.

1. 로마서에서 바울 사도는 율법과 복음의 관계를 잘 설명해 주고 있습니다. 다음 구절들을 통해서 어떤 것인지 살펴봅시다.

(1) 2:13

율법은 들음으로 완성되는 것이 아니라 행함이 반드시 있어야 한다. 구원받은 그리스도인들은 율법의 행위로 그 구원을 드러내야 한다.

(2) 3:9~18

율법은 먼저 그것을 읽고 듣는 사람들의 상태, 그들이 얼마나 죄 가운데 있으며 비참한 상태인지를 적나라하게 드러낸다.

(3) 3:20

이를 통해 우리는 율법 앞에서 모두가 죄인임을 깨닫게 된다.

(4) 3:27, 28, 5:1

율법을 통해서 의롭다 하심을 얻는 것이 아니라 오직 믿음으로 얻게 된다.

(5) 6:15~23

그리고 믿음으로 의롭다 하심을 얻은 자들은 다시 율법으로 돌아가서 자신의 행위와 삶을 율법에 근거하여 행해야 할 의무를 지게 된다.

2. 예수님을 믿는 우리들은 율법을 어떻게 해야 할까요? 마태복음 19:17~19을 읽고 답해 봅시다.

구원받은 우리들은 예수님의 명령이신 하나님을 사랑하며 이웃을 사랑해야 할 의무를 지게 되었다. 우리는 여기에 철저히 순종해야 한다. 은혜로 받은 구원은 우리의 율법을 지키는 행위로 드러나게 된다. 믿는다고 말하면서도 행위로 드러내지 못하면 거짓말하는 사람이다.

정리해 봅시다

모든 사람들에게는 반드시 (순종)해야 하는 하나님이 주신 (도덕) 법칙이 있는데, 이는 (십계명)에 잘 요약되어 있습니다.

실천해 봅시다

시편 119편 전체를 읽고 가장 마음에 와 닿는 구절을 외워 옵시다.

끝마침 : 하나님의 율법은 우리의 죄악을 드러내 우리가 죄인이라는 사실을 깨닫게 해 주며, 이를 깨닫고 그리스도를 믿음으로 말미암아 구원받은 자들에게는 삶과 행위로 따라야 하는 하나님의 명령이 된다.

십계명의 핵심과 머리말

핵심교훈 : 십계명의 두 강령은 하나님을 사랑하며 모든 사람을 사랑하라는 것이다.

제42문 십계명의 핵심은 무엇입니까?

답 십계명의 핵심은 우리의 모든 마음과 우리의 모든 목숨과 우리의 모든 힘과 우리의 모든 뜻을 다하여 주 우리 하나님을 사랑하며, 또한 우리가 우리 자신을 사랑하듯 모든 사람을 사랑하라는 것입니다.

제43문 십계명의 머리말이 무엇입니까?

답 이 말씀이 십계명의 머리말인데, 곧 나는 너희를 애굽 땅, 종 되었던 나라에서 건겨 낸 주 너희의 하나님이다 하신 것입니다.

제44문 십계명의 머리말이 우리에게 가르치는 것은 무엇입니까?

답 십계명의 머리말은 우리에게, 하나님은 주님이시며 우리의 하나님이시고 구원자이시기 때문에 우리는 반드시 그분의 모든 명령을 지켜야 한다는 것을 가르칩니다.

읽어 봅시다
마태복음 22:34~40
사두개인과의 논쟁을 전해 들은 바리새인들이 찾아와서 이번에는 자신들이 가진 논쟁거리를 꺼내놓습니다. 그것은 가장 큰 계명에 관한 것이었습니다. 여기에 대해 예수님은 두 가지, 즉 하나님 사랑과 이웃 사랑이라는 명쾌한 답변을 주십니다. 계명, 율법의 대원칙은 하나님에 대한 사랑과 이웃에 대한 사랑입니다.

생각해 봅시다

- 법이나 규칙, 또는 우리와 관련이 깊은 교칙은 무엇 때문에 있는 거라고 생각하나요?

십계명의 핵심

- 모든 법에는 그 법의 근간이 되는 기본 이념이 있습니다. 하나님이 주신 십계명에도 이런 기본 이념이 있는데 예수님께서는 그것을 크게 두 가지로 말씀하셨습니다. 첫 번째는 하나님에 대한 사랑이고 두 번째는 이웃에 대한 사랑입니다. 계명의 모든 내용은 이 두 가지의 이념에 맞게 해석하고 적용되어야 합니다.

1. 첫 번째 이념인 하나님 사랑을 가르치는 마가복음 12:30, 신명기 6:5을 읽고, 어떻게 하는 것이 하나님을 사랑하는 것인지 구체적인 방법을 서로 이야기해 봅시다.

2. 두 번째 이념인 이웃 사랑을 가르치는 마가복음 12:31, 레위기 19:18을 읽고, 이웃사랑의 구체적인 실행 방법을 서로 이야기해 봅시다.

십계명의 머리말

- 하나님이 주신 법, 십계명의 서론은 하나님과 그 백성의 관계에 대한 설명으로 시작합니다. 즉 하나님은 구원자이고 그 백성들은 그의 소유라는 것입니다. 천지를 지으시고 다스리시는 하나님께서 자신의 백성들을 특별히 선택하시고, 그들을 노예된 상태에서 건져 내셨기 때문에, 그분께 구원받은 그분의 백성들은 그분의 법을 지켜야 할 의무를 지니게 되었습니다. 이것은 이스라엘 민족에 관한 이야기일 뿐만 아니라, 죄와 죽음에서 벗어나 구원받은 모든 신자들을 위한 이야기이도 합니다. 구원받아서 하나님의 백성이 된 신자들은 그분의 법을 지켜야 합니다.

1. 출애굽기 20:1, 2을 읽고 십계명의 머리말에서 하나님이 우리에게 어떤 분이신지를 설명하는 세 가지를 다시 써 봅시다.
   본문은 하나님이 하나님, 곧 신이시며, 우리를 구원하신 구원자이시며, 우리의 주인이라는 사실을 가르치고 있다.

2. 시편 100:2, 3과 예레미야 10:7을 읽고 주되신 하나님의 법을 우리가 어떻게 지켜야

할지 생각해 봅시다.

그는 우리의 주님이시고, 창조주이시며 주권자이시다. 그리고 우리는 그분의 피조물들이고 백성들이다. 그렇기에 우리는 그분의 말씀을 기쁨으로 순종하며 당연한 것으로 받아들여야 한다.

3. 신명기 11:1을 읽고 우리의 하나님이신 그분을 사랑하는 것과 그분의 법을 지키는 것의 관계에 대해서 생각해 봅시다.

하나님을 사랑하는 자들은 하나님의 계명을 지키는 자들이다. 사랑한다 말하면서 계명을 지키지 않는 것은 거짓말하는 것으로 사랑이 없는 것이다. 하나님을 사랑한다면 당연히 그분의 계명을 기쁨으로 지키게 된다.

4. 고린도전서 6:19, 20과 누가복음 1:74, 75을 읽고 우리의 신분이 어떤 것인지 생각해 보고, 구속자이신 하나님의 법을 어떻게 지켜야 하는지 서로 이야기해 봅시다.

우리는 하나님께서 값 주고 사신 그분의 소유이다. 이전에 죄와 사망에게 종노릇하던 우리를 하나님은 그리스도의 피로 값 주고 사셨다. 죄와 사망에서 자유케 된 우리는 우리를 자유케 하신 하나님께 순종하는 것이 당연하다.

정리해 봅시다

신자들은 하나님의 명령을 지킬 의무가 있는데, 이는 그분이 우리의 (**하나님**)이시고, 우리의 (**구원자**)이시고, 우리의 (**주님**)이시기 때문입니다.

실천해 봅시다

1. 출애굽기 20:1, 2을 외워 옵시다.
2. 출애굽기 20장 전체를 읽어 보고 열 가지 계명을 각각 한 문장씩으로 요약해 옵시다.

끝마침 : 하나님은 먼저 자신의 백성을 택해서 구원하시고 구원받은 하나님의 자녀들에게 하나님의 계명을 지킬 것을 명하신다. 우리는 하나님을 사랑하고 이웃을 사랑해야 한다. 그것이 십계명의 정신이다.

나 외에 다른 신을…

핵심교훈 : 첫 계명은 하나님만이 유일하신 참된 신이심을 가르치고 있다.

제45문 첫 번째 계명은 무엇입니까?

답 첫 번째 계명은 나 외에 다른 신들을 네게 있게 말라는 것입니다.

제46문 첫 번째 계명은 무엇을 요구합니까?

답 첫 번째 계명은 우리에게, 하나님은 유일하고 참된 신이시며 우리의 하나님이심을 알고 인정하며, 그분께 합당한 경배와 영광을 돌려야 함을 요구합니다.

제47문 첫 번째 계명이 금하는 것은 무엇입니까?

답 첫 번째 계명은 하나님을 부인하거나, 그분을 참된 신이요 우리의 하나님으로 경배하지 않고 영광을 돌리지 않는 것을 금합니다. 또한 오직 그분만이 받으실 경배와 영광을 다른 자나 다른 것에게 돌리는 것을 금합니다.

제48문 첫 번째 계명에서 특별히 '나 외에'라는 구절로 우리에게 가르치는 것은 무엇입니까?

답 첫 번째 계명의 '나 외에'라는 구절이 우리에게 가르치는 것은, 모든 것을 보시는 하나님께서 다른 신을 섬기는 죄를 주시하시며 매우 싫어하신다는 것입니다.

읽어 봅시다
출애굽기 20:1~3

생각해 봅시다

• 인간은 누구나 무언가를 섬기고자 하는 마음을 가지고 있다고 합니다. 가장 섬기고 싶은 대상은 누구, 또는 무엇입니까?

첫 번째 명령

• 십계명의 첫 번째 명령은 하나님만을 참 신으로 인정하며 섬기라는 것입니다. 오직 하나님 한 분만이 참된 신이시며 우리의 경배와 영광을 받으시기에 합당하신 분이십니다.

1. 신명기 26:17을 주의 깊게 읽고 하나님을 아는 것과 인정하는 것은 결국 어떤 것을 의미하는지 생각해 봅시다.

   하나님이 있다는 사실을 아는 것, 그 사실에 지적으로 동의하는 것은 하나님을 믿는 것이 아니다. 오직 그분만을 우리의 주님이요 구원자로 인정하는 자만이 하나님을 믿는 것이고, 그분이 유일하신 주님이요 구원자라는 사실을 인정하는 자들은 그분의 계명을 지키는 자들이다. 그 도를 행하고 규례와 명령과 법도를 지키며 그의 소리를 듣는 자만이 하나님을 하나님으로 인정하는 자이며 하나님을 믿는 자이다.

2. 신구약 성경은 모두 하나님 한 분만을 섬기는 것에 대해서 같은 설명을 하고 있습니다. 시편 29:2, 마태복음 4:10을 찾아서 읽어 보고 그것이 무엇인지 설명해 봅시다.

   하나님을 섬기는 것은 그분께 예배하는 것이다. 세상의 다른 것들을 섬기는 것은 허무한 일이다 오직 하나님 한분만을 섬기고 그분께만 예배해야 한다. 우상숭배에 관한 다음 과에서 이에 대해 더 자세히 배우게 될 것이다.

첫 번째 명령이 금하는 것

• '나 외에 다른 신을 네게 두지 말라'는 명령을 구체적으로 설명하면 다음과 같은 것들을 금지하는 명령입니다. 첫 번째는 하나님은 참 하나님이시며 우리의 하나님이심을 부인하는 것을 금합니다. 또한 그분을 경배하지 않거나 그분께 영광 돌리지 않는 것을 금하며 나아가서는 그분 외에 다른 것을 경배하거나 영광 돌리는 것을 금합니다. 그것을 정리하자면 (1)무신론, (2)신성모독, (3)우상숭배를 금하는 것입니다.

1. 시편 14:1을 읽고 하나님을 부인하는 것이 어떤 것인지 서로 이야기해 봅시다.

   지금까지 배워온 바에 의하면 죄는 먼저 하나님의 말씀을 거역하는 것이다. 믿는다 이야기하면서 그 말씀을 거역하여 지키지 않는다면 이는 하나님을 부인하는 것이다. 다른 어떤 악한 행위 이전에 하나님을 거역하고 부인하면 그것이 이미 죄악이다. 믿는 자라 하더라도 말씀을 어기면 하나님을 부인하는 자이다.

2. 신성모독 죄는 어떠한 경우에 짓게 되는지 다음 구절들을 찾아서 읽어 보고 이야기해 봅시다.

   (1) 예레미야 4:22

     악에 대해서는 알고 있으나 선에 대해서는 무지한 자, 즉 자신이 원하는 것은 알고 있으나 하나님의 명령에 무지한 것은 신성모독이다.

   (2) 시편 50:21

     이 구절 이전에 나열된 말씀들을 행하는 자들은 자신을 하나님과 동등한 존재로 여기는 자들이다. 이런 행위로 자신을 하나님과 비슷하다 여기는 자들은 신성모독을 행하는 자들이다.

   (3) 예레미야 2:32

     행위나 삶으로 적극적으로 반역하고 적극적으로 죄악을 저지르지 않는다 해도 하나님을 모른 채 선하게 사는 것, 하나님을 모른 채 자신과 세상의 기준으로 의롭게 사는 것조차 신성모독을 하는 것이다.

   (4) 요한일서 2:15

     하나님이 아닌 이 세상을 사랑하는 것 자체가 신성모독이다.

3. 우상숭배는 크게 두 가지로 나타납니다. 어떤 것이 우상숭배인지 다음 구절들을 통해서 알아봅시다.

   (1) 로마서 1:25

     피조물을 하나님이라 여기며 섬기는 것이 우상숭배이다.

   (2) 골로새서 3:5

     무엇인가에 탐심을 부리는 것은 우상숭배이다.

나 외에

- 특히 '나 외에'라는 구절은 우리를 주시하시는 하나님의 일하심이 잘 드러나 있습니다. '나 외에'는 영어로는 'before me', 즉 '내 앞에서'라는 말입니다. 우리는 모두 하나님의 앞에 서서 살아가는 사람들이고, 하나님은 그런 우리 모두를 주시하고 계십니다. 그분은 우리에게서 눈을 떼지 않으시고 환란 가운데 우리를 보호하시기

도 하지만 다른 한편으로는 우리가 그분 외에 다른 신이나 사람, 사물을 섬기지 않는지 보고 계십니다.

1. 이사야 42:8은 하나님의 단호한 선언을 우리에게 전달해 주고 있습니다. 찾아서 읽고 외웁시다.

   하나님께서는 하나님 앞에서 다른 것을 섬기는 것을 결코 용서하지 않으신다. 하나님의 능력과 의지로 하나님 자신의 영광과 찬송을 지키시는 분이시다.

2. 에스겔 8:12을 찾아서 읽고 우리 삶의 자세는 어떠한지 점검하고 서로 이야기해 봅시다.

   우리는 시시때때로 내 눈에 하나님이 보이지 않는다고 하나님도 나를 보지 못하실 거라 생각한다. 그러나 하나님은 우리를 늘 지켜보고 계시고 우리는 언제나 그분 앞에서 살아가고 있음을 기억해야 한다.

정리해 봅시다

첫 번째 계명은 오직 (하나님)만을 섬기고, 그분만을 (알고) (인정하며), 그분께 돌려야 할 (예배)와 (영광)을 다른 것에게 돌리지 말 것을 (요구)하고 있습니다.

실천해 봅시다

1. 하나님 외에 우리가 섬기고 사랑하며 아끼는 것이 무엇인지 적어 보고 어떻게 하면 하나님을 그런 것들보다도 더 사랑할 수 있을지 생각해 봅시다.
2. 아무도 없는 곳에서 은밀하게 짓던 죄가 있다면 어떤 것인지 하나님께 고백하고, 하나님이 주시하고 계시다는 사실을 기억하며 그 죄를 끊읍시다.

끝마침 : 첫 번째 계명은 하나님을 하나님으로 인정하고 섬기며 예배할 것을 요구하신다. 우리는 살아계시고 참되신 하나님 앞에서 살아가야 한다.

우상에게 예배하지 말라

핵심교훈 : 두 번째 계명은 우상을 섬기지 말라는 명령이다.

제49문 두 번째 계명은 무엇입니까?

답 두 번째 계명은 다음과 같습니다. 너는 너를 위해 위로 하늘이나 아래로 땅 위나 땅 아래 물속의 아무 것의 형상으로도 우상을 만들지 말라. 너는 그것들에게 엎드려 절하거나 그것들을 경배하지 말라. 나, 너의 주 하나님은 질투하는 하나님이니 나를 미워하는 아비의 죄로 말미암아 삼사대까지 그 자손을 징계할 것이나, 나를 사랑하고 나의 계명을 지키는 자에게는 천대까지 나의 사랑을 보이리라.

제50문 두 번째 계명은 무엇을 요구합니까?

답 두 번째 계명은 우리에게, 하나님이 말씀으로 제정하신 모든 신앙과 예배의 규례를 받아들이고 공손히 행하며 순전히 보전하기를 요구합니다.

제51문 두 번째 계명이 금하는 것은 무엇입니까?

답 두 번째 계명은 형상을 사용하거나 하나님의 말씀으로 제정하신 것 외의 다른 어떤 방법으로 하나님을 예배하는 것을 금합니다.

제52문 두 번째 계명에 덧붙여진 이유들은 무엇입니까?

답 두 번째 계명에 덧붙여진 이유들은 하나님이 전적으로 우리를 다스리며, 우리는 그분께 속했고, 그분은 올바르게 예배 받으시기를 원하신다는 것입니다.

읽어 봅시다
출애굽기 20:1, 2, 4~6

생각해 봅시다

• 정해진 법과 규칙을 따르는 것이 때로는 답답하고 방해가 되는 것처럼 느껴질 때가 있습니다. 어떤 일을 규칙대로 하지 않았을 때 더 좋은 결과를 얻었던 적이 있습니까? 서로 이야기해 봅시다.

두 번째 명령

• 첫 번째 명령이 섬김의 대상, 즉 하나님만을 섬길 것을 명령하는 것이었다면, 두 번째 명령은 섬김의 방법에 대해서 가르치고 있습니다. 즉, 하나님을 섬기고 예배하되, 우리가 생각하고 고안하는 좋은 방법으로 하나님을 섬기는 것이 아니라 하나님이 원하시고 명령하신 방법대로 하나님을 섬겨야 한다는 것입니다. 이것은 매우 중요합니다. 우리는 우리의 뜻대로가 아닌, 하나님의 말씀대로 하나님을 섬겨야 합니다.

1. 다음 구절들을 통해서 성경이 하나님께 어떤 방법으로 예배 드리라고 가르치는지 알아봅시다.

    예배의 형식에 관한 구절들이다. 십계명의 첫 네 계명은 예배와 연관지어 설명할 수 있다. 우리는 예배를 드림에 있어서 하나님이 원하시는 방법으로 드려야 한다. 다음 구절들은 어떻게 예배할지를 가르치시는 내용이다.

    (1) 빌립보서 4:6, 예레미야 10:25

    예배에는 기도가 있어야 한다.

    (2) 요한복음 5:39, 사도행전 16:21

    사도행전 15:21 삭제, 말씀을 읽고 설교를 듣는 성경연구의 부분이 있어야 한다.

    (3) 이사야 55:3

    선포되는 말씀에 귀를 기울이고 잘 듣는 것이 예배에 참여하여 바로 예배하는 자세이다.

    (4) 시편 149:1

    경건하고 뜨겁게 하나님을 찬양해야 한다.

    (5) 시편 77:12

    하나님의 말씀을 읽는 것 자체가 하나님께 드리는 예배의 가장 중요한 요소 가운데 하나이다.

2. 또한 다음 구절들을 통해서 하나님께서 어떤 예배를 기뻐하지 않으시는지 알아봅
   시다.

   (1) 신명기 4:15~18

   우상을 만들고 하나님이라고 하면서 그 앞에 예배하는 것을 싫어하신다. 우리는 혹시 우리의
   욕망을 하나님의 뜻이라 생각하며 이를 믿음에 투영하고 있지는 않은지 항상 살피고 조심해
   야 한다.

   (2) 마태복음 15:9

   하나님의 방법이 아닌 인간이 고안해 낸 방법으로 예배를 드리는 것 역시 하나님은 싫어하신
   다. 방법에 있어서도 성경을 기준으로 알아내고 적용해야지 인간의 기쁨과 만족과 은혜가 기
   준이 되어서는 안된다.

3. 하나님께서는 그 명령을 지키지 않는 자에 대한 징계와 그 명령을 지키는 자에 대
   한 상에 대해서 어떻게 말씀하셨습니까?

   명령을 어기는 자에게는 삼사 대까지 벌을 주고 명령에 순종하는 자에게는 천 대까지 복을 주실 것
   을 약속하신다. 하나님의 진노는 급하고 빠르게 지나가나 은혜는 영원하다.

두 번째 명령을 정하신 이유

- 하나님께서 하나님의 말씀대로만 하나님을 섬길 것을 명령하신 이유는 그분이 우
  리의 주님이시기 때문입니다. 소요리문답에서 거듭 가르치는 것은 하나님은 우리
  의 창조주시며 주인이시고 우리는 그분의 피조물이며 그분의 소유라는 것입니다.
  하나님은 우리에게 자신의 명령에 따를 것을 요구할 당연한 권리를 가지고 계시며
  우리는 그분의 뜻을 따라야 할 의무를 지니고 있습니다. 다시 기억합시다. 하나님
  은 창조주이시며 주인이시고 우리는 그분의 피조물이며 그분의 소유입니다.

1. 다음 구절들을 통해 하나님이 예배에 대한 규례를 정하신 이유를 알아봅시다.

   (1) 시편 95:2~3, 6~7

   하나님이 우리의 왕이시며 우리를 만드셨기 때문이다.

   (2) 출애굽기 19:5

   모든 세계가 하나님께 속하였고 하나님의 백성 또한 하나님의 소유라서 그러하다.

   (3) 출애굽기 34:14

   하나님은 다른 신을 섬기는 것을 용납하지 않으시는 분이시다.

2. 하나님이 우리의 주권자이시고 창조주이시라는 사실을 삶 가운데 어떻게 받아들이며, 또한 삶 가운데 어떻게 나타내고 있는지 서로 이야기해 봅시다.

정리해 봅시다

두 번째 계명은 하나님의 **(방법, 계명)**대로만 하나님께 **(예배)**할 것을 가르치고 있습니다. **(우상)**을 만들어 섬기든지, 하나님의 **(방법)**에서 어긋난 방법으로 하나님을 섬기는 것은 참된 **(예배)**가 아닙니다.

실천해 봅시다

1. 우리가 예배 드리는 태도는 성경에서 가르치는 바른 예배의 태도인지 점검하고 어떤 점을 어떻게 고쳐야 할지 구체적으로 이야기해 봅시다.
2. 하나님이 우리의 주인이심을 삶을 통해 드러내기 위해서 구체적으로 어떤 것들을 해야 할지 서로 의논하고 실천해 봅시다.

끝마침 : 우상 숭배는 적극적으로 다른 신을 섬기는 것만이 아니라, 하나님을 섬기는 것이라 이름하며 내가 원하는 것을 섬기고 내가 원하는 방법으로 섬기는 것도 다 우상숭배이다.

이름을 망령되게 부르지 말라

핵심교훈 : 하나님의 이름을 함부로 부르지 말아야 한다.

제53문 세 번째 계명은 무엇입니까?

답 세 번째 계명은 '너는 네 하나님 여호와의 이름을 망령되게 부르지 말라. 여호와는 그의 이름을 망령되게 부르는 자를 죄 없다 하지 아니하리라' 하신 것입니다.

제54문 세 번째 계명은 무엇을 요구합니까?

답 세 번째 계명은 하나님의 이름과 호칭과 속성과 의식들과 말씀과 일들을 거룩하고 공손하게 사용할 것을 요구하십니다.

제55문 세 번째 계명이 금하는 것은 무엇입니까?

답 세 번째 계명은 하나님이 자신을 알리시는 데 사용하신 어떤 것도 속되게 하거나 잘못 사용하는 것을 금합니다.

제56문 세 번째 계명에 덧붙여진 이유는 무엇입니까?

답 세 번째 계명에 덧붙여진 이유는 이 계명을 범한 자들이 사람의 징벌은 피할 수 있어도, 주 우리 하나님은 그들이 하나님의 정의로운 심판을 피하는 것을 용납하지 않으신다는 것입니다.

읽어 봅시다
출애굽기 20:1, 2, 7

생각해 봅시다

• 하나님께 바른 예배를 드리기 위해 어떤 태도를 취해야 할까요? 나는 바른 예배를 드리고 있습니까?

세 번째 명령

• 첫 번째 명령이 섬김의 대상, 즉 하나님만을 섬길 것을 명령하는 것이고 두 번째 명령은 섬김의 방법에 대해서 가르치고 있다면, 세 번째 명령은 섬김의 태도에 대한 가르침입니다. 하나님을 하나님이 정하신 것 외의 다른 방법으로 예배하는 것은 옳지 않습니다. 그러나 아무리 올바른 방법으로 예배한다 해도 진실하고 거룩하고 경건한 마음 없이 예배하는 것도 옳지 않습니다. 하나님은 전심으로 하나님을 예배하는 자들을 찾으십니다.

1. '나의 이름'이라는 표현은 단순히 하나님의 이름만을 의미하는 것이 아니라 하나님이 인간에게 자신을 나타내신 방법들을 의미하고 있습니다. 하나님은 어떤 방법으로 자신을 나타내셨는지 다음의 구절들을 통해서 알아봅시다.

   (1) 신명기 10:20, 시편 29:2

   하나님에게 경배하며 영광 돌리는 것을 그의 이름에 경배하며 영광 돌리는 것이라고 표현한다.

   (2) 역대상 29:10~13

   모든 권능과 영광과 주권이 주님의 이름에 있다. 그 이름을 찬양하는 것은 그 모든 권능과 영광, 능력, 주권을 찬양하는 것이다.

   (3) 전도서 5:1

   하나님을 섬기며 악을 행하지 않는 것이다.

   (4) 욥기 36:24

   하나님의 이름을 높이는 것은 하나님이 하신 일을 높이며 찬송하는 것이다.

2. 하나님은 자신을 나타내신 이런 방법들을 사용해서 그분께 영광 돌리기를 원하십니다. 그렇다면 이들을 어떻게 사용해야 할지 시편 96:8과 욥기 36:24을 읽고 서로 이야기해 봅시다.

   주님의 성품, 주께서 하신 일, 주님의 영광과 권능, 주님의 주권에 합당한 영광과 경배와 찬송을 그 이름에 돌려 주님을 섬겨야 한다. 그러기 위해서 우리는 하나님이 누구신지 잘 알아야 한다. 소요리문답뿐만 아니라 다른 여타의 모든 신앙고백, 요리문답, 교의학, 조직신학에서 가장 먼저 신론이 나오는 이유도 우리 인생과 믿음과 우리 모든 것의 가장 첫머리에 하나님에 대한 지식이 있어야 하기 때문이다.

세 번째 명령이 금지하는 것

* 우리는 하나님의 이름을 헛되이 부르며 때로는 조롱하는 시대에 살고 있습니다. 사람들은 하나님이 없다 하며 하나님을 믿는 자들을 조롱합니다. 그뿐 아니라 믿는 성도들 또한 하나님의 이름과 그분의 하신 일에 대해서 함부로 이야기합니다. 말로 하나님의 이름을 헛되이 부르는 것만 세 번째 계명을 어기는 것이 아니라, 가장 먼저는 바른 자세로 예배하지 않는 것 자체가 세 번째 계명을 어기는 것입니다. 겸손하며 거룩하고 경외심을 가지고 성실하게 예배를 드려야 하고, 그렇게 예배하는 태도로 하루하루를 사는 것이 세 번째 계명을 바로 지키는 것입니다.

1. 하나님의 이름을 헛되이 부르는 것이 어떤 것인지 다음 구절들을 통해서 살펴봅시다.
   (1) 말라기 1:6
   하나님을 공경하지 않고 두려워하지 않는 것은 하나님의 이름을 멸시하는 것이다.

   (2) 시편 139:20
   주님의 이름으로 헛되이 거짓 맹세를 하며 사람을 속이고 거짓된 것은 하나님의 이름을 헛되이 부르는 것이다.

   (3) 마태복음 5:34, 37
   헛되고 거짓된 맹세만이 아니라 하나님의 이름을 걸고 맹세하는 모든 것은 하나님의 이름을 헛되이 부르는 것이다. 우리는 하나님의 이름 자체를 진지하게 생각하고 함부로 헛되게 입에 올리지 말아야 한다. 감탄사나 탄식으로 주여, 하나님 하고 부르는 것 역시 하나님의 이름을 헛되이 부르는 것이다.

2. 하나님의 이름뿐만이 아니라 하나님이 정하신 예배 의식들도 헛되이 사용되는 경우가 있습니다. 어떤 때 그러한지 다음 구절들을 찾아 이야기해 봅시다.
   (1) 전도서 5:1
   하나님의 말씀을 듣고 그 말씀에 따르는 것이야말로 하나님이 원하시는 것이다.

   (2) 요한복음 4:24(반례)
   하나님의 영과, 진리이신 예수님을 모르고 행하는 모든 종교 행위는 그것이 예배라는 이름을 가졌다 하더라도 하나님을 헛되이 예배하는 것이다.

(3) 디모데후서 3:5

경건하다고 말만 하고, 외식만 있을 뿐, 경건한 삶을 추구하지 않는 자들이 드리는 모든 예배는 헛된 예배이다.

3. 하나님의 말씀은 어떤 경우에 헛되이 사용됩니까?

(1) 예레미야 23:33, 36

성경에 기록된 하나님의 말씀이 아님에도 엄중한 하나님의 말씀이라 하면서 다른 말을 하는 것은 하나님의 말씀을 헛되이 사용하는 것이다. 하나님께서는 이를 반드시 벌하신다.

(2) 베드로후서 3:16, 디모데전서 6:3~5

성경의 말씀을 자신의 상황과 주장에 맞춰 억지스럽게 해석하고 적용하는 모든 행위가 하나님의 말씀을 헛되이 사용하는 것이다. 하나님의 말씀은 반드시 하나님이 알리신 방법으로 풀어야 한다.

4. 그 밖에 삶의 어떤 태도가 하나님의 이름을 헛되이 부르는 것인지 이야기해 봅시다.

(1) 로마서 13:13, 14 나열된 여러 가지 잘못된 행위들.

(2) 호세아 13:6 교만하여 하나님을 잊는 것.

(3) 고린도전서 10:10 주님을 헛되이 시험하고 헛되이 원망하는 것.

정리해 봅시다

세 번째 계명은 하나님께 (**예배**)할 때, 하나님의 (**이름**)과 (**속성**)과 하나님이 정하신 (**의식들**)과 (**말씀**)과 하나님이 행하신 (**일들**)에 대해서 바로 알고 (**거룩**)하고 (**공손**)하게 사용해서 예배할 것을 가르치고 있습니다.

실천해 봅시다

1. 우리의 예배는 하나님의 이름을 바로 알고 거룩하고 경건하게 찬양하는 예배입니까? 그렇게 하기 위해서 내가 고쳐야 할 점은 무엇입니까?
2. 주일에 드리는 예배뿐만 아니라 우리의 일상생활을 하나님께 드리는 예배로 만들기 위해서 어떤 태도를 취해야 합니까? 구체적으로 실천할 것이 무엇이 있습니까?

끝마침 : 하나님의 이름을 함부로 부르지 말고 그분의 이름과 하신 일과 존재와 능력을 존중하는 데서 예배와 참된 그리스도인의 인생이 시작된다.

30과

안식일을 거룩하게

핵심교훈 : 안식일을 거룩하게 지켜야 한다.

제57문 네 번째 계명은 무엇입니까?

답 네 번째 계명은 '안식일을 기억하여 거룩하게 지키라. 엿새 동안은 힘써 네 모든 일을 행할 것이나 일곱째 날은 네 하나님 여호와의 안식일인즉 너나 네 아들이나 네 딸이나 네 남종이나 네 여종이나 네 가축이나 네 문 안에 머무는 객이라도 아무 일도 하지 말라. 이는 엿새 동안에 나 여호와가 하늘과 땅과 바다와 그 가운데 모든 것을 만들고 일곱째 날에 쉬었음이라 그러므로 나 여호와가 안식일을 복되게 하여 그날을 거룩하게 하였느니라' 하신 것입니다.

제58문 네 번째 계명은 무엇을 요구합니까?

답 네 번째 계명은 하나님께서 자신의 말씀으로 정하신 시간, 특별히 일주일 중 온전한 하루를 거룩한 안식일로 지킬 것을 요구하십니다.

제59문 하나님께서는 일주일 중 어느 날을 안식일로 정하셨습니까?

답 세상이 시작되던 날부터 그리스도께서 부활하신 날까지 하나님은 일주일의 마지막 날을 안식일로 정하셨습니다. 그 후로부터 세상의 마지막 날까지는 일주일의 첫 번째 날이 그리스도인의 안식일입니다.

제60문 우리는 안식일을 어떻게 거룩하게 지킵니까?

답 우리는 세상의 일과 오락과 심지어는 다른 날에는 합법적인 일까지도 쉼으로써 안식일을 거룩하게 지킵니다. 불가피한 일이거나 자비를 베푸는 행위를 제외하고는 우리의 모든 공적이거나 사적인 시간을 하나님을 예배하는 데 사용해야만 합니다.

제61문 네 번째 계명이 금하는 것은 무엇입니까?

답 네 번째 계명은 우리가 해야 할 일을 하지 않거나 부주의하게 행하는 것을 금합니다. 이는 또한 게으르거나 죄악된 어떤 일을 하거나 불필요한 생각과 말과 세상의 일과 오락을 통해서 안식일을 더럽히는 것을 금합니다.

제62문 네 번째 계명이 필요한 이유는 무엇입니까?

답 네 번째 계명이 필요한 이유는, 하나님은 우리에게 일주일 중 6일을 우리의 일을 돌보도록 허락하셨기 때문입니다. 그리고 일곱 번째 날은 하나님의 소유로 요구하십니다. 그분은 친히 모범을 보여주셨으며 안식일에 복을 주셨습니다.

읽어 봅시다
출애굽기 20:1, 2, 8~11

생각해 봅시다
- 일주일의 시간 중에 우리 자신에게 집중하는 시간과 하나님에게 집중하는 시간의 비율은 어떻습니까? 자신의 상태를 점검해 보고 서로 이야기해 봅시다.

네 번째 명령
- 첫 계명부터 네 번째 계명까지의 공통점은 이 계명들이 예배와 관계된다는 것이었습니다. 첫 번째 계명이 예배의 대상, 두 번째 계명이 예배의 방법, 세 번째 계명이 예배의 태도에 대한 가르침이었다면 오늘 배우는 네 번째 계명은 예배의 때와 관계된 것입니다. 안식일을 지정하신 이유는 일주일의 모든 날, 모든 시간이 다 하나님의 것이지만 그중에서 특별히 하루를 떼어서 온전히 하나님을 섬기는 데 사용하라고 정하셨습니다.

1. 안식일을 거룩히 지킬 것을 명하는 다음의 성경구절들을 찾아서 돌아가며 읽어 봅시다.
   (1) 출애굽기 20:8~11 (2) 신명기 5:12~15 (3) 출애굽기 31:13 (4) 이사야 56:4~7
   안식일을 '거룩히' 지켜야 함을 가르치고 있다. '거룩히'라는 말에 강조점을 두고 다른 날과는 다르게 하루를 보내야 함을 강조한다. 구약의 안식일이 그날 자체가 거룩한 날이었다면 그리스도로 인해 구원을 받은 우리들은 모든 날이 하나님의 날이며 모든 날을 거룩하게 지켜 살아야 함을 기억해야 한다.

2. 구약시대의 이스라엘 백성들은 일주일의 마지막 날인 토요일을 안식일로 지켰으나 지금 우리는 일주일의 첫날인 일요일을 주일로 지키고 있습니다. 다음 구절들을 통해서 그 성경적인 근거를 알아봅시다.

이는 성경적인 근거이며 이 근거를 바탕으로 기독교가 국교화된 로마에서 원래 쉬던 일요일을 기독교의 예배일로 정했다.

(1) 마가복음 2:27~28

안식일의 주인은 '인자', 예수님임을 가르친다. 그러므로 신약시대 예수님 이후에는 하루를 하나님께 드리는 것도 예수님의 행적이 기준이 되어야 한다.

(2) 누가복음 24:1~3, 6

예수님이 부활 후 처음 모습을 보이신 것이 안식 후 첫날인 일요일이다.

(3) 요한복음 20:19, 26

제자들도 계속해서 일요일에 만나 주신 것으로 추정할 수 있다.

(4) 사도행전 20:7

초대교회 교인들도 일요일에 모여서 성경을 읽고 말씀을 강론했다. 예수님이 부활하신 안식 후 첫날 일요일에 모여 예수님의 가르침인 성찬을 행하여 그분을 기념하는 것이 매우 중요한 일이었을 것이다.

3. 요한계시록 1:10을 읽고 우리가 하나님께 드려야 하는 일주일의 첫째날인 일요일을 어떻게 불러야 마땅할지 생각해 봅시다.

주의 날, 즉 주일로 불러야 마땅하다. 하지만 다시 한번, 일요일 하루 예배하는 날만이 주의 날이 아니라 매일이 주의 날이며 매일을 주님 앞에서 주님을 위하여 살아가야 함을 기억하자.

네 번째 계명을 지키는 방법

• 하나님께서는 6일 동안 세상을 창조하는 일을 하신 후 7일째에 쉬셨습니다. 하나님의 안식은 우리에게 하나님의 날인 주일을 어떻게 보내야 하는지를 보여주십니다. 즉, 세상의 일과 재미있는 것들을 멈추고 하나님 안에서 쉬라는 것입니다. 주일에 공부하고, 일하고, 오락을 위해서 무언가를 하는 것은 사실 잘못된 일입니다. 이날은 온전히 하나님께 바치며 육체와 영혼의 쉼을 누려야 하는 날입니다.

1. 다음 구절들을 통해서 안식일에 하지 말아야 할 것이 무엇인지 이야기해 봅시다.

(1) 느헤미야 13:15~18

생계를 위해서 하는 일들을 멈추고 쉬어야 한다. 학생들에게는 공부가 여기에 해당한다. 주일 오전에 학원이나 과외로 인해 예배를 빠지는 것은 하나님 앞에 죄를 범하는 것임을 기억해야 한다.

(2) 이사야 58:13, 14

오락을 하지 말아야 한다. 자기를 즐겁게 하기 위해서 하는 일들을 쉬고 하나님께 집중하면서 하루를 보내야 한다.

(3) 출애굽기 20:10

어른만 아니라 아들이나 딸, 즉 자녀들도 일을 쉬어야 한다. 어른들이 하는 '일'만 아니라 자녀들, 어린이나 청소년들도 일을 멈추고 쉬어야 한다. 어른들에게는 자녀들에게 이러한 내용을 가르쳐야 할 의무와 책임이 있다.

2. 그렇다면 안식일에 행해야 할 일은 무엇입니까?

안식일에 해야 하는 일은 하나님을 예배하는 것이다. 하루를 예배로 보내야 한다. 단순히 교회에서 드리는 공예배뿐 아니라 하루를 온전히 하나님을 묵상하고 예배하고 성경을 읽고 하나님의 일을 하는 데 사용해야 한다.

(1) 시편 91:1~3

하나님을 찬송한다.

(2) 이사야 66:23

모든 혈육(가족)이 나와 하나님께 예배해야 한다.

3. 위의 행해야 할 일 말고 또한 안식일에 행해도 된다고 허용된 일들은 무엇입니까?

(1) 마태복음 12:1~5

음식을 먹는 것. 즉 생존을 위해 반드시 해야 할 일들은 해도 무방하다. 하나님이 주신 생명과 건강을 소홀히 여겨서는 안된다.

(2) 마태복음 12:10~13, 누가복음 13:14~16

자비를 베푸는 일을 해야 한다. 예수님도 안식일에 병자들을 고치셨다. 위험에 처한 사람들을 구하고 약자들을 돌보며 병자들을 고치는 일은 안식일에도 쉬지 말고 해야 하는 일이다. 그러므로 군인이나 경찰, 소방관, 병원 응급실에서 근무하는 일들은 그것 자체로 하나님의 일이며 예배라 할 수 있을 것이다.

4. 출애굽기 20:9, 11, 31:17, 레위기 23:3, 창세기 2:2을 찾아서 읽고 일주일의 나머지 6일은 어떻게 해야 하는지 서로 이야기해 봅시다.

열심히 일하며 6일을 보내야 한다. 건성건성 대충 일주일을 살다 주일도 쉬는 것이 아니라 6일은 열심히 최선을 다해서 일하고 주일은 또 최선을 다해서 예배하며 최선을 다해서 쉬어야 한다. 우리는 일과 안식 모두를 주께 하듯 해야 한다.

정리해 봅시다

네 번째 계명은 일주일의 첫번째 날인 일요일을 (주일)이라 부르며 이날에 모든 (세상일)과 (오락)을 쉬고 하나님께 (예배)하고 (자비)를 베푸는 데 사용하라는 것입니다.

실천해 봅시다

1. 하나님의 날인 주일을 거룩히 지키고 있습니까? 주일을 거룩히 지키기 위해 내가 실천해야 할 일은 무엇입니까?
2. 믿음으로 주일에 가는 학원을 끊을 수 있습니까? 하나님의 나라와 의를 먼저 구하는 자에게 필요한 모든 것을 주실 것이라는 믿음을 가집시다.
   특히 아이들이 스마트폰이나 게임이나 친구들을 만나서 놀러 다니는 것이나 학원 가서 공부하는 것을 쉬고 성경 읽고 예배하는 데 집중해야 함을 강조하자.

끝마침 : 주일을 거룩하게 구별하여 지키는 것은 예배와 쉼을 위해서이다. 그러나 일요일만 주일이 아니라 모든 날이 주님의 날이고 우리는 모든 일을 주께 하듯 해야 한다. 특별히 생존을 위한 일들과 자비를 베푸는 일들은 주일에도 쉬지 않고 계속되어야 한다.

부모를 공경하라

핵심교훈 : 부모님을 공경해야 한다.

제63문 다섯 번째 계명은 무엇입니까?

답 다섯 번째 계명은 '네 부모를 공경하라 그리하면 네 하나님 여호와가 네게 준 땅에서 네 생명이 길리라' 하신 것입니다.

제64문 다섯 번째 계명은 무엇을 요구합니까?

답 다섯 번째 계명은 우리의 윗사람, 아랫사람, 동료들에 대하여 각자의 지위나 관계에 따라 존경하고 의무를 다할 것을 요구하십니다.

제65문 다섯 번째 계명이 금하는 것은 무엇입니까?

답 다섯 번째 계명은 다른 사람을 존경하지 않거나 그들의 위치나 관계에 따라 대하지 않는 것을 금합니다.

제66문 다섯 번째 계명이 필요한 이유는 무엇입니까?

답 다섯 번째 계명을 지킴으로써 그것이 하나님의 영광과 그들의 유익을 위해 봉사하는 경우, 장수와 번영이 약속되었기 때문입니다.

읽어 봅시다
출애굽기 20:1, 2, 12

생각해 봅시다

- 다른 사람을 대할 때 나의 태도는 어떻습니까? 상대방에 따라서 다른 태도를 취하고 있습니까? 아니면 상대방이 누군가에 상관없이 존중하고 존경하는 태도를 취합니까?

다섯 번째 명령

- 십계명의 처음 네 계명이 하나님과의 관계, 특히 예배에 관련되어 있음을 배웠습니다. 이제 다섯 번째 계명부터는 사람 사이에서 지켜야 할 것을 가르치고 있습니다. 그 첫 번째는 관계에 관한 것입니다. "네 부모를 공경하라"는 명령은 단순히 부모님에 대한 공경만을 의미하는 것이 아니라 다른 사람을 대함에 있어서 그리스도인들이 어떤 태도를 취해야 하는지를 알려 주고 있습니다. 그것은 '공경하라'라는 것입니다. 우리와 관계를 맺는 사람이 누구인지와 상관없이 우리는 그들을 '공경해야' 할 의무가 있습니다. 그것은 존중하고 존경하며 경히 여기지 말아야 한다는 의미입니다.

1. 성경은 곳곳에서 '부모님을 공경하라'고 가르치고 있습니다. 다음 구절들을 찾아서 읽어 보고 우리가 부모님께 어떠한 태도를 취해야 할지 서로 이야기해 봅시다.

   (1) 레위기 19:3
   부모를 경외하는 것이 하나님의 안식일을 지키는 것, 즉 하나님을 섬기는 것에 버금가는 일이다.

   (2) 잠언 4:1 부모님이 하시는 말씀에 귀를 기울이고 들어야 한다.

   (3) 에베소서 6:1 부모님의 말씀에 귀를 기울일 뿐만 아니라 순종해야 한다.

2. 성경에서는 또한 부모들에게 자녀들을 어떻게 가르치고 보살펴야 하는지 가르치고 있습니다. 다음 구절들을 찾아서 읽어 보고 앞으로 우리가 자녀를 낳게 되면 어떻게 키워야 할지 서로 이야기해 봅시다.

   (1) 에베소서 6:4
   자녀들에게 화를 내고 노엽게 하지 말고 하나님의 말씀으로 양육해야 한다. 말씀을 가르치고 지키도록 먼저 본을 보이고 가르쳐야 한다.

(2) 욥기 1:5

자녀들을 위해, 그들의 성결한 삶과 믿음을 위해 기도해야 한다.

(3) 고린도후서 12:14

자녀들에게 봉양 받을 마음을 가지지 말고 끝까지 부모로서 책임을 다해야 한다.

3. 남편과 아내 사이의 관계에 있어서도 성경의 가르침에 귀를 기울여야 합니다. 다음 구절들을 읽어 보고 장래에 결혼하게 되면 남편이나 아내에게 어떤 태도를 취할 것인지 생각해 봅시다.

서로 사랑하고 존경하고 귀하게 여겨야한다. 하나님은 질서를 주셨지만 그 질서 이전에 서로에 대한 사랑과 동거를 먼저 주셨음을 기억해야 한다. 아내와 남편 사이는 사랑의 사이가 되어야 한다. 다음 두 구절은 그 사랑과 존중, 존경을 가르치는 구절들이다.

•에베소서 5:33, 창세기 2:23

4. 성경에서는 또한 종과 상전에게 서로 어떻게 대해야 할지 가르칩니다. 지금은 신분 사회가 아니므로 종과 상전이 있을 수 없지만 사회적으로 자신보다 윗사람들, 선생님, 직장 상사, 나이 많은 어르신들에게 취할 태도라고 할 수 있습니다. 다음 구절들을 찾아서 읽어 보고 그런 사람들에게 어떤 태도를 취할지 이야기해 봅시다. 또 반대로 우리보다 아랫사람이라 생각되는 사람들에게는 어떤 태도를 취해야 할지도 생각해 봅시다.

(1) 디모데전서 6:1

사람과 사람의 관계에 있어서도 하나님의 영광과 명예를 우선 생각해야 한다.

(2) 에베소서 6:5~7

맡은 일을 최선을 다해서 그리스도를 섬기듯 해야 한다.

(3) 에베소서 6:9

아랫사람들과 나는 하나님 앞에서 동등한 존재이므로 하나님이 나를 존중하시듯이 아랫사람을 존중해야 한다. 특히나 현대 사회에서는 누군가를 나보다 아랫사람이라고 생각해서는 안된다. 모든 사람들은 동등하게 하나님의 피조물이요 하나님의 형상임을 기억해야 한다.

(4) 신명기 24:14, 15

특히 가난한 사람은 하나님의 큰 관심을 받고 있다. 가난한 사람을 돌아봐야 한다. 하나님이 가난한 자들 편에 서 계시니 우리도 그 옆에 서 있어야 한다.

5. 마지막으로 우리와 동등한 위치에 있는 사람들, 친구, 장래의 직장 동료, 함께 공부하거나 일하는 사람들에 대해서는 어떠한 태도를 취해야 할지 다음 구절들을 통해 알아보고, 지금 내가 그런 태도로 친구들을 대하는지 생각해 봅시다.

(1) 로마서 12:9, 10

다른 사람을 사랑하고 존중하는 것은 나이나 지위에 상관없이 모든 사람들을 대상으로 해야 할 일이다.

(2) 베드로전서 2:17

뭇사람을 공경하며 형제를 사랑하는 것이 바로 하나님을 두려워하는 일이다. 하나님이 살아 계시기에 우리는 모든 사람들을 공경하며 사랑해야 한다.

(3) 로마서 12:15

서로의 슬픔과 기쁨을 알아서 함께 슬퍼하고 함께 기뻐할 줄 알아야 한다.

(4) 고린도전서 10:24

궁극적으로 그리스도인들은 나의 유익이 아니라 타인의 유익을 위해 살아야 한다. 나를 사랑하는 자들은 하나님의 백성이 아니다.

다섯 번째 계명을 주신 이유

• 부모를 공경하라는 말씀으로 표현된 사람들 사이의 관계에 대한 가르침은 다른 모든 가르침들과 마찬가지로 그것을 지키는 자들의 유익을 위하여 하나님께서 주신 약속입니다. 하나님은 자신의 계명을 지키는 자들에게 복 주시는 분이십니다. 특히 부모를 공경하고 겸손하게 타인을 존중하는 자들에게는 이 땅에서의 복을 주시겠다고 약속하셨습니다. 그것은 장수와 번영입니다. 그 장수와 번영이 하나님의 영광을 드러내고 우리에게 선을 이루는 것이라면 하나님은 타인을 존중하는 자들에게 그러한 복을 주실 것입니다.

1. 부모를 공경하는 자들에게 장수를 약속하신 말씀은 십계명에만 등장하는 것이 아닙니다. 다음 구절들을 찾아서 읽고 써 봅시다.

타인을 존경하는 자들에게 약속하신 복은 한두 번 지나가는 소리로 하신 것이 아니라 하나님의 중요한 약속 가운데 큰 자리를 차지하고 있다. 타인을 존경해야 한다.

(1) 출애굽기 20:12

(2) 신명기 5:16

(3) 에베소서 6:2, 3

2. 특히 에베소서 6:2, 3은 '장수한다'는 의미에 대해서 더 폭넓게 가르치고 있습니다. 단순히 오래 사는 것일 뿐만 아니라 그 삶이 기쁜 것임을 알려 줍니다. 이런 삶을 위해 지금 내가 고쳐야 할 잘못된 태도는 무엇이 있을까요? 생각해서 한가지씩 서로 이야기해 봅시다.

위의 지침을 근거로 하나님이 지금 우리에게 주실 복이 무엇일지 서로 이야기해 보자. 그리고 타인을 존경하기 위하여 우리가 어떻게 해야 할지도 서로 이야기를 나눠 보자.

정리해 봅시다

다섯 번째 계명은 사람 사이의 (관계)에 대해서 가르치고 있습니다. 그 요체는 서로 (존경)하라는 것입니다. 그리고 타인을 (존경)하는 사람에게는 (장수)와 (번영)이 약속되어 있습니다.

실천해 봅시다

1. 타인을 대하는 나의 태도 가운데 잘못된 것은 무엇입니까? 한 가지를 정해서 일주일 간 그 태도를 버리도록 노력합시다.
2. 나 때문에 상처받은 사람이 있다면 사과하고 관계를 회복하도록 합시다.

끝마침 : 부모를 공경하라는 명령은 부모뿐만 아니라 모든 타인을 존경하고 존중하라는 의미를 담고 있다. 하나님은 타인을 존경하는 자들에게 복을 약속하신다.

살인하지 말라

핵심교훈 : 살인해서는 안된다.

제67문 여섯 번째 계명은 무엇입니까?

답 다섯 번째 계명은 '살인하지 말라'고 하신 것입니다.

제68문 여섯 번째 계명은 무엇을 요구합니까?

답 여섯 번째 계명은 자신과 다른 사람들의 생명을 보존하기 위해서 합법적인 모든 노력을 기울일 것을 요구합니다.

제69문 여섯 번째 계명이 금하는 것은 무엇입니까?

답 여섯 번째 계명은 자신이나 다른 사람의 생명을 부적절하게 취급하거나 자살이나 살해로 이끄는 행위를 하는 것을 금합니다.

읽어 봅시다
출애굽기 20:1, 2, 13

생각해 봅시다

• 자살에 대해서 생각해 본 적이 있습니까? 다른 누군가가 죽이고 싶도록 미웠던 적은 있습니까? 그런 생각이 들 때 우리는 어떻게 해야 할까요?

여섯 번째 명령

• 사람 사이에 지켜야 할 두 번째 계명은 살인하지 말라는 것입니다. 이 계명의 의미는 단순히 실제로 사람을 찔러 죽이거나 하지 말라는 것만이 아닙니다. 그 안에는 우리와 다른 사람의 생명뿐 아니라 육체와 영혼의 건강을 지키기 위해서 해야 할 일들을 가르치고 있습니다. 그런데 그것은 '합법적'인, 즉 정당한 노력을 통해서 지켜져야 합니다.

1. 살인에 관한 계명을 배울 때에 먼저 알아야 할 것은 살인이 무엇인가 하는 것입니다. 예수님은 그것에 대해 우리에게 잘 가르쳐 주고 계십니다. 마태복음 5:21, 22을 읽어 보고 살인이 무엇인가 서로 이야기해 봅시다.

   십계명은 우리가 겉으로 하는 행위만을 의미하지 않는다. 예수님이 해석하신 방법에 따르면 우리의 마음과 생각의 상태까지도 판단하는 기준이 된다. 살인도 마찬가지로 다른 사람을 실제로 찔러 죽이는 것만이 아니라 형제를 미워하고 욕하는 것도 역시 살인하는 것이라는 사실, 살인과 비슷한 마찬가지의 어떤 것이 아니라 살인 그 자체임을 기억해야 한다.

2. 열왕기상 18:4을 읽어 보고 오바댜의 행동을 통해 살인하지 말라는 계명을 어떻게 받아들여야 할지 생각해 봅시다.

   목숨이 위험한 사람들을 그 위험 가운데서 건져내는 것이 살인하지 않는 것이다. 우리는 우리 주변을 잘 살펴야 한다. 사고나 질병으로 위험에 처해 있는 사람만 아니라 정신적으로 위험에 처한 사람들 역시 관심을 가지고 긍휼을 베풀어야 한다. 해마다 대학 수능이 끝나면 자살하는 청소년들이 있는데 그런 곳에까지 관심을 가지고 손을 내밀고 돌보는 것이 살인하지 말라는 계명을 지키는 일이다.

3. 시편 82:3, 4, 욥기 29:12, 13을 읽어 보고 살인하지 말라는 계명을 우리 주위에 어떻게 적용하고 실천해야 하는지 생각해 봅시다.

   또한 이 계명은 단순히 육체의 생명만 아니라 한발 더 나가서 가난한 사람들을 그 고통 가운데서 건져내는 것이 살인하지 않는 것이라고 가르친다. 모든 사람들은 하나님의 형상으로 창조된 존재들인데 인간의 타락으로 말미암아 생겨난 가난은 그 형상을 파괴한다. 율법과 선지자는 하나님의 가장 큰 관심이 가난한 자들을 향하고 있음을 가르치고 있다. 추수하며 떨어진 나락은 줍지 말라는 율법도, 가난한 자들을 학대하는 자들의 제사를 하나님께서 받지 않으신다고 선포하는 선지자들도 하나님이 얼마나 가난한 자들을 아끼시는지를 가르쳐 주는 말씀이다. 우리도 가난한 자들에게 관심을 가지고 그들을 위해 하나님이 우리에게 맡기신 것을 적은 것이라도 나누기 위해 노력해야 한다.

4. 살인하지 말라는 명령은 또한 우리 자신의 몸과 영혼에 대한 명령이기도 합니다. 에베소서 5:29을 읽어 보고 우리 스스로를 어떻게 대해야 할지 이야기해 봅시다.

마찬가지로 우리들은 모두 하나님의 형상이며 피조물이고 자녀들이다. 우리는 우리의 육체를 건강하고 아름답게 보존해서 하나님의 영광을 위해 사용해야 한다.

여섯 번째 계명이 금하는 것

- 웨스트민스터 대요리문답 136문에서는 살인하지 말라는 계명이 금지하는 것에 대해서 다음과 같이 설명하고 있습니다.

"여섯 번째 계명에서 금지하는 죄는 공적인 재판이나 합법적인 전쟁, 혹은 정당방위 외에 우리 자신이나 다른 사람들의 생명을 빼앗는 모든 행동입니다. 합법적이며 필요한 생명 보존의 방편을 소홀히 하거나 철회하는 것, 죄악된 분노, 증오심, 질투, 복수하려는 욕망을 가지는 것, 모든 과도한 격분, 산란하게 하는 염려와 육류와 술, 노동 및 오락을 무절제하게 사용함과 격동시키는 말과 압박, 다툼, 구타, 상해, 다른 무엇이든지 사람의 생명을 파멸하기 쉬운 것들을 금하고 있습니다."

이 문항은 여섯 번째 계명이 금하는 일들을 폭넓게 보여주고 있습니다. 단순히 사람을 죽이는 것이 아니라 우리 자신과 다른 사람의 생명과 영혼을 소홀히 여기는 모든 행위를 하지 않도록 조심해야 합니다.

1. 마태복음 5:22을 읽어 보고 살인을 피하기 위해 우리가 하지 말아야 할 일이 무엇인지 생각해 봅시다.

형제를 욕하거나 미워하지 말아야 한다. 시작부터 언급했듯이 행위만이 아니라 마음과 생각과 말로부터 살인하지 말라는 계명을 지켜야 한다.

2. 요한일서 3:15에서는 형제를 미워하는 자는 결국 어떤 사람이라고 가르치고 있습니까?

살인하는 사람이고, 살인하는 사람에게는 영생이 없다, 즉 구원받지 못한 사람이다.

3. 사도행전 16:28, 잠언 24:11, 12에서 가르치는 바를 아래에 적고 서로 이야기해 봅시다.

타인이 목숨을 끊으려 하거나 다른 사람에게 생명의 위협을 받을 때 이를 저지해야 한다. 왕따문제와 결부해서 생각해 보자. 소극적으로 왕따에 동참하지 않을 뿐만 아니라 적극적으로 왕따에 반대하고 왕따당하는 약자 편에 서야 한다.

정리해 봅시다
여섯 번째 계명은 (**살인하지 말라**)는 것입니다. 이는 단순히 사람의 육체를 죽이지 말라는 명령일 뿐만 아니라 (**가난**)한 사람, (**압제**)받는 사람들을 그 고통 가운데서 해방시켜야 한다는 명령입니다.

실천해 봅시다
1. 옆에 있는 형제를 사랑하기 위해 구체적으로 실천할 것이 무엇입니까?
2. 자기 몸을 사랑하기 위해 고쳐야 할 습관 세 가지를 다음 주까지 생각해 옵시다.

끝마침 : 살인하지 말라는 계명은 타인의 육체를 죽이지 않으면 되는 것이 아니라 마음과 생각과 말과 행위로 다른 사람들을 돕고 구제하며 그들의 육체와 정신을 지키기 위해 일하는 것이다.

간음하지 말라

핵심교훈 : 순결해야 한다.

제70문 일곱 번째 계명은 무엇입니까?

답 일곱 번째 계명은 '간음하지 말라'고 하신 것입니다.

제71문 일곱 번째 계명은 무엇을 요구합니까?

답 일곱 번째 계명은 우리와 그 외 모든 사람들이 마음과 말과 행위에서 성적인
순결을 지킬 것을 요구합니다.

제72문 일곱 번째 계명이 금하는 것은 무엇입니까?

답 일곱 번째 계명은 성적으로 불순한 생각이나 말이나 행위를 하는 것을 금합
니다.

읽어 봅시다
출애굽기 20:1, 2, 14

생각해 봅시다

• 친구들과 대화할 때, 가장 많이 등장하는 대화 주제는 무엇이며 습관적으로 가장 많이 사용하는 단어는 무엇입니까? 그것들 가운데 사용하지 말아야 할 것은 무엇인지 이야기해 봅시다.

일곱 번째 명령

• 사람 사이에서 지켜야 할 세 번째 계명은 간음하지 말라는 것입니다. 계명의 내용을 배우고 지킴에 있어 우리가 주의해야 할 한 가지는, 하나님은 결코 우리의 행위만을 가지고 우리를 판단하시지 않으신다는 것입니다. 성경의 가르침을 보면 하나님은 언제나 우리의 마음과 생각을 감찰하십니다. '간음하지 말라'는 계명도 마찬가지의 관점을 우리에게 보여줍니다. 간음하지 말라는 일곱 번째 계명은 우리의 육체와 행동의 순결을 지킬 것을 요구할 뿐만 아니라 우리의 생각과 마음의 순결 또한 지켜야 함을 가르치고 있습니다.

1. 마태복음 5:28과 데살로니가전서 4:3을 주의 깊게 읽고 하나님이 원하시는 진정한 순결이 무엇인지 서로 이야기해 봅시다.

   진정한 순결은 행위 이전에 마음을 거룩하게 지키는 것이다. 세상은 점점 음란하며 자기를 사랑하고 하나님의 말씀을 떠나는 쪽으로 가고 있다. 이성친구를 사귀면 결혼 전에도 잠자리를 같이 하는 것이 당연한 듯 여기고 동성애나 음란물도 개인의 취향이나 성장 과정의 하나라고 받아들일 뿐 죄와 연관지어 생각하지 않는다. 이런 세상에서 우리는 하나님의 말씀을 삶의 절대적인 기준으로 받아들이고 이에 따라 우리의 인생을 살아가도록 결단해야 한다. 거룩은 결국 세상이 주는 가르침을 거부하고 하나님의 말씀에 집중하는 것으로 시작된다.

2. 마음을 순결하게 지킬 뿐만 아니라 또한 순결하게 지켜야 할 것이 무엇인지 다음 구절들을 통해 확인해 봅시다.

   (1) 에베소서 4:29, 골로새서 4:6

   가장 중요한 시작은 우리의 말을 순결하게 하는 것이다. 음란한 말, 저속한 언어는 그 마음의 상태를 반영할 뿐만 아니라 거꾸로 마음에 영향을 주기도 한다. 우리의 언어를 지키자.

   (2) 베드로전서 3:2

   우리의 행위 역시 순결하게 해야 한다. 가장 먼저는 여러 가지 매체를 통해 접할 수 있는 음란물로부터 자신을 지키는 것으로 시작한다.

3. 우리의 순결을 지키기 위해서 따라야 할 성경의 가르침을 다음 구절들을 통해서 알 아봅시다.

하나님은 우리의 순결을 지키기 위하여 이렇게 여러 가지 방법들을 주셨다. 이것들을 잘 사용해서 우리의 마음과 몸과 언어와 행동을 순결하게 유지하도록 하자.

(1) 말라기 2:16 너희 심령을 삼가 지켜 항상 경계해야 한다.

(2) 잠언 23:31~33 먹고 마시는 것을 절제해야 한다.

(3) 고린도전서 9:27 음식뿐 아니라 행위 또한 절제해야 한다.

(4) 잠언 5:20, 21 하나님을 두려워하고 그분의 눈길을 의식해야 한다.

(5) 갈라디아서 5:24 그리스도를 믿고 의지하고 그분의 덕을 따른다.

(6) 로마서 8:13 성령을 따라 몸의 행실과 욕심을 절제한다.

(7) 시편 41:1, 2, 7 기도로서 하나님의 도우심을 구한다.

일곱 번째 계명이 금하는 것

• 간음하지 말라는 일곱 번째 계명은 우리의 순결을 요구하는 계명입니다. 그리고 순결을 지키기 위해서는 하지 말아야 하는 일들이 있습니다. 그것은 순결하지 못한 모든 생각과 말과 행동입니다. 에베소서 5:3에서는 심지어 음행과 더러운 것, 탐욕은 이름조차 부르지 말라고 말씀하십니다. 그렇게 해야 하는 이유는 우리가 성도, 하나님의 거룩한 백성들이기 때문입니다.

1. 다음 구절들을 잘 읽어 보고 음란과 간음을 금해야 하는 이유를 생각해 봅시다.

(1) 사무엘하 11:4, 27 하나님이 보시기에 매우 악하기 때문이다.

(2) 고린도전서 6:18, 잠언 5:8, 11 우리의 육체를 쇠약하게 하고 더럽히기 때문이다.

(3) 호세아 4:11 마음을 빼앗고 영혼을 파괴하며 죄로 이끌기 때문이다.

(4) 잠언 7:26 결국 죽음으로 우리를 이끌기 때문이다.

2. 그렇다면 우리의 생각과 육체를 순결하게 지키기 위해서 피해야 할 것은 무엇일까요? 다음의 구절들을 잘 읽어 봅시다.

(1) 욥기 31:1 눈, 즉 감각을 유혹하는 것을 피한다.

(2) 잠언 5:8 음란으로 유혹하는 친구를 피한다.

(3) 창세기 19:33 술취함을 피한다.

(4) 잠언 7:10, 13 음란한 옷차림과 행동을 피한다.

정리해 봅시다

일곱 번째 계명은 (간음)하지 말라는 명령으로, 우리의 (생각)과 (말)과 (행동)을 순결하게 지키라는 것입니다.

실천해 봅시다

1. 생각과 말과 행동을 순결하게 지키고 있습니까? 만약 그렇지 않다면 어떤 것이 가장 순결하지 않은지 생각하고 그것을 순결하게 지키기 위해서 실천해야 할 것들을 구체적으로 적어 봅시다.
2. 이성친구에 대한 관심, 아이돌에 대한 관심이 내 삶의 순결함에 어떤 영향을 주는지 생각해 보고 절제하도록 합시다.

끝마침 : 우리의 영과 정신과 육체의 순결을 지켜 거룩함을 유지해야 한다.

도둑질하지 말라

핵심교훈 : 다른 사람의 것을 도둑질하고 손해를 끼치지 말아야 한다.

제73문 여덟 번째 계명은 무엇입니까?

답 여덟 번째 계명은 '도둑질하지 말지니라'라고 하신 것입니다.

제74문 여덟 번째 계명은 무엇을 요구합니까?

답 여덟 번째 계명은 자기 자신이나 다른 사람의 부와 재산을 얻고 또 그것을 늘림에 있어 합법적으로 하라는 것입니다.

제75문 여덟 번째 계명이 금하는 것은 무엇입니까?

답 여덟 번째 계명은 자기 자신이나 이웃의 부와 재산에 부당하게 손해를 끼치거나 방해하는 것을 금합니다.

읽어 봅시다
출애굽기 20:1, 2, 15

생각해 봅시다

- 돈과 재산에 얼마나 가치를 두고 소중히 여기는지 서로 이야기해 봅시다.

여덟 번째 명령

- 여덟 번째 계명을 통해서는 부와 재산을 어떻게 모으고 늘려 가야 할지에 대해서 가르쳐 주시고 있습니다. 그 방법은 합법적이어야 한다는 것입니다. 오늘 가르침의 중점은 부와 재산을 '늘려야' 한다는 데 있지 않고 그것이 '합법적'이어야 한다는 데에 있습니다. 이 땅에 살면서 우리의 모든 경제적인 활동은 합법적이어야 합니다. 이는 직업과 물질에 대한 청지기적 자세를 요구합니다. 우리가 가진 직업은 하나님이 주신 소명으로서 합법적인 일을 합법적으로 해야 하며, 이를 통해 얻은 재산은 하나님의 방법으로 합법적으로 사용해야 합니다.

1. 성경은 우리의 재산을 획득함에 있어서 어떻게 해야 하는지 가르치고 있습니다. 다음 구절들을 통해서 그 방법을 알아봅시다.

    (1) 고린도전서 7:20, 24

    합당하고 알맞은 직업을 선택하고, 이를 통해 하나님과 동행하는 것이다.

    (2) 잠언 31:16 + 로마서 2:17

    직업을 통해 돈이 아니라 선한 것을 증진시키는 데 목적이 있다.

    (3) 잠언 21:20

    불필요하거나 사치를 위한 지출을 금하고 하나님을 섬기고 육신의 생계를 위해 써야 한다.

    (4) 잠언 10:4

    성실하며 주어진 일에 열심을 내어야 한다.

    (5) 잠언 10:22

    재물을 얻는 것도 역시 하나님의 은혜가 필요하다. 재물을 얻는 것 자체가 하나님의 은혜이다.

    (6) 잠언 11:24, 25

    모으는 데만 힘을 내지 말고 하나님의 뜻대로 사용하는 지혜가 있어야 한다.
    성실하며 주어진 일에 열심을 내어야 한다.

2. 재산과 부에 있어서 다른 사람과의 관계를 어떻게 맺어야 할지를 가르치는 다음 구절들을 찾아서 읽어 보고 요약해서 정리해 봅시다.

(1) 시편 15:2

진실함과 성실함으로 다른 사람을 대해야 한다. 타인을 재물을 얻기 위한 도구로 사용해서는 안된다.

(2) 고린도전서 4:2

신용을 지켜야 한다.

(3) 레위기 25:14

속이지 말고 합리적으로 해야 한다.

(4) 잠언 3:27, 28

마땅히 줄 것을 주고 베풀어야 한다. 줄 것에 인색하면 역시 재물이 우상이 되는 것이다.

(5) 레위기 6:4, 5

의도적이건 실수건 다른 사람의 재물을 갈취했으면 마땅히 이자를 더해서 돌려줘야 한다. 특히 의도적으로 손해를 끼쳤다면 철저히 회개하고 그 손해를 보상해야 한다.
성실하며 주어진 일에 열심을 내어야 한다.

3. 성경은 또한 재산과 부를 얻고 사용함에 있어서 하지 말아야 할 것들에 대해서 가르치고 있습니다. 다음 구절들을 통해서 우리가 피해야 할 것들을 생각해 봅시다.

(1) 잠언 23:21 게으르지 말아야 한다.

(2) 잠언 22:26, 27

무분별하게 보증을 서거나 직업을 함부로 다루면 안된다. 특히 직업은 하나님이 세상을 다스리시는 데 인간이 동참하는 방법이다. 하나님은 인간의 직업과 일을 통해 세상을 다스리신다. 직업 선택에 신중해야 한다.

(3) 잠언 24:30~34

직업에 있어서 나태하면 안된다. 직업의 그 일 자체가 하나님의 일임을 깨닫고 하나님께 하듯 직업에 충실해야 한다.

(4) 히브리서 13:5

지나치게 재물에 탐심을 내서는 안된다. 돈을 사랑하는 것이 일만 악의 근원이다.

(5) 전도서 6:1, 2

재산을 모으는 것 자체를 목적으로 해서는 안되고 그것을 사용해야 한다.

(6) 출애굽기 23:8

공공의 정의를 해쳐 가면서 재산을 얻어서도 안된다.

다른 사람의 부와 재산에 관하여

• 여덟 번째 계명은 또한 우리의 재산과 부를 모으고 늘리는 데에만 관심이 있지 않고 다른 사람에게도 그러합니다. 이는 궁극적으로 가난한 사람들을 어떻게 돌봐야 할지, 사회정의와 경제적 정의에 대해서 우리가 어떤 태도를 취해야 할지를 가르치는 말씀입니다. 우리는 우리의 재산을 모으고 늘리는 데에만 관심이 있어서는 안되고 이웃을 돌아봐야 합니다.

1. 성경은 구약과 신약의 구분 없이 우리 주위에 있는 가난한 사람들에 대한 한 가지 법을 보여줍니다. 레위기 25:35, 신명기 15:7, 갈라디아서 6:10, 마태복음 5:42, 야고보서 2:15, 16을 읽어 보고 그 법이 무엇인지, 그 법을 지키기 위해서 무엇을 해야 할지 서로 이야기해 봅시다.

   가난한 자들을 돌아보는 것은 선택의 문제가 아니라 신자의 의무이다. 그것은 꼭 해야 하는 일이며 우리가 내세울 수 있는 종류의 일이 아니다.

2. 다른 사람의 합법적인 경제활동을 돕기 위해 우리가 하지 말아야 할 것은 무엇인지 다음 구절들을 통해서 확인합시다.

   (1) 레위기 5:14

   공평한 가격으로 물건을 팔고 사야 한다.

   (2) 신명기 25:13~15

   속여서는 안된다.

   (3) 잠언 1:14~16

   도둑질한 것에 관심을 가지지 말아야 한다.

   (4) 마태복음 18:28~39

   빚진 자, 가난한 자에게 관대해야 한다.

(5) 출애굽기 22:25~27

이웃의 생계를 돌아봐야 한다.

(6) 출애굽기 19:13

임금을 체불하거나 계산을 엉터리로 해서는 안된다.

정리해 봅시다

여덟 번째 계명은 우리와 타인의 재산을 모으고 늘림에 있어 (**합법**)적으로 하라는 명령입니다. 그것은 궁극적으로 (**사회**) 정의와 (**경제**) 정의에 관심을 가지고 실천하라는 것입니다.

실천해 봅시다

1. 내 재산을 모으기 위해서 고쳐야 할 버릇은 무엇이 있습니까? 한두 가지를 생각해서 일주일 간 고치도록 노력해 봅시다.

2. 가난한 이웃을 돕기 위해 지금 바로 실천할 것은 무엇이 있을까요? 그들을 돕기 위해 평생 동안 할 만한 일 한 가지를 결정하고 실천해 봅시다.

끝마침 : 우리는 재물을 얻기 위해 일해서는 안되고 하나님의 영광을 위해 일해야 한다. 그리고 그것을 통해 얻게 된 재물은 우리의 것이 아님을 알고 그것의 주인이신 하나님의 뜻대로 사용해야 한다.

35과

거짓 증거하지 말라

핵심교훈 : 이웃에 대해서 거짓으로 증거하거나 모함해서는 안된다.

제76문 아홉 번째 계명은 무엇입니까?

답 아홉 번째 계명은 '네 이웃에 대하여 거짓 증거 하지 말지니라'라고 하신 것입니다.

제77문 아홉 번째 계명은 무엇을 요구합니까?

답 아홉 번째 계명은 진실만을 말하며, 우리와 우리 이웃들의 명예를 지키고 고양시킬 것을 요구하는데, 특히 증언함에 있어서 그러합니다.

제78문 아홉 번째 계명이 금하는 것은 무엇입니까?

답 아홉 번째 계명은 진실에서 멀어지는 것과 우리나 우리 이웃의 명예를 훼손하는 것을 금합니다.

읽어 봅시다
출애굽기 20:1, 2, 16

생각해 봅시다

- 여러분이 했던 가장 심한 거짓말은 무엇이었나요? 또는 가장 깨끗한 거짓말은 무엇이었나요? 그 거짓말의 결과가 어땠고 거짓말을 할 때와 하고 나서 기분은 어땠나요? 서로 한두 가지씩 이야기해 봅시다.

아홉 번째 명령

- 아홉 번째 계명은 어쩌면 지금까지의 계명 가운데 가장 어려운 요구를 우리에게 하고 있는 것으로 보입니다. 하나님을 모욕하거나 부모님께 불효하는 것, 살인이나 음란함, 도둑질은 어떤 때는 노력에 의해서, 그리고 많은 경우 노력이 없이도 피할 수 있는 것들입니다. 그러나 나 자신과 우리 이웃에게 정직하고 진실하라는 명령은 그렇게 쉽지 않습니다. 우리는 시시때때로 거짓말을 합니다. 때로는 나의 이익과 욕구를 위해서 그렇게 하기도 하지만, 또 때로는 선의의 거짓말이라는 명목으로 거짓말을 합니다. 성경은 우리에게 단호하게 거짓말을 하지 말고 정직하며 진실되라고 명령하고 있습니다.

1. 시편 15:1, 2을 읽어 봅시다. 하나님의 장막, 즉 하나님의 나라에 거하는 사람의 특징을 무엇이라고 가르치고 있습니까? 나는 그 가르침에 비추어 볼 때 하나님의 나라에 거하는 사람이라고 할 수 있습니까? 서로 이야기해 봅시다.

   첫 번째 조건은 정직하고 공의를 실천하며 진실을 말하는 사람이다. 예수를 믿는다고 하면서도 정직하지 못하여 악의건 선의건 거짓말로 자기를 꾸미고 남을 속이는 사람은 하나님의 집에 거하는 자가 아닌, 즉 하나님나라의 백성이 아닌 외인, 이방인이다.

2. 다음 구절들을 찾아서 읽어 보고 우리 자신과 이웃의 명예를 지키기 위해 우리가 해야 할 일들이 무엇인지 서로 이야기해 봅시다.

   (1) 로마서 1:8 다른 사람의 좋은 평판을 기뻐하고 하나님께 감사하고 사랑하는 것이다.

   (2) 요한삼서 3 다른 사람의 좋은 소식을 들었을 때에 그것을 기뻐해야 한다.

   (3) 데살로니가전서 5:13 서로를 귀하게 여기며 화목해야 한다.

   (4) 베드로전서 2:17
   다른 사람들을 공경하며(다섯 번째 계명에서 언급한 바와 같이) 존경해야 한다.

(5) 사무엘상 22:14 다른 사람의 평판을 위해 변호하고 증언해야 한다.

(6) 베드로전서 4:8 때로는 다른 사람의 죄를 덮어줄 줄도 알아야 한다.

(7) 마태복음 18:15, 16 또 때로는 그들의 죄를 꾸짖고 책망하기도 해야 한다.

아홉 번째 계명의 또다른 가르침

- 아홉 번째 계명은 나 자신과 이웃 앞에서 정직하여야 할 것을 명령하고 있습니다. 그런데 그 명령은 거기까지가 끝이 아닙니다. 거짓 증거하지 말라는 명령은 나아가서 나와 다른 사람의 명예를 지키라는 명령이기도 하며, 또한 우리의 언어 습관과 이웃과의 관계에 대한 가르침이기도 합니다.

1. 소요리문답에서는 다른 사람을 위한 재판과 증언대에서 진실을 말하고 명예를 지키라고 가르칩니다. 오늘날 우리는 재판이나 증인석이 아닌 우리 집의 책상 앞에서 너무나도 쉽게 다른 사람의 명예를 훼손하는 일을 하고 있습니다. 인터넷 악플이 그런 예입니다. 다른 사람의 글이나 인터넷 기사에 악성 댓글을 단 적이 있습니까? 그때 어떤 기분이 들었는지 서로 이야기해 봅시다.
   인터넷 댓글, 일베 사이트의 글을 보면서 어떤 감정을 느꼈는지, 그것이 보기 좋았는지 아니면 혐오스러웠는지 이야기해 보고 댓글이나 다른 사람들에 대한 이야기를 할 때 한 번 더 생각해 볼 수 있도록 유도하자.

2. 요즘 학교에서는 왕따문제가 더 이상 미룰 수 없는 심각한 문제로 대두되었습니다. 그런데 왕따는 대부분 한두 마디 말에서 시작된다는 사실을 알고 있습니까? 무심결에 다른 친구에 대해 험담한 것이 돌고 돌아서 그 친구를 왕따시키는 원인이 되기도 합니다. 레위기 19:16, 시편 15:3을 읽어 보고 우리가 어떻게 해야 할지 생각해 봅시다.
   왕따로 자살하는 친구들이 있는 시대이다. 왕따는 말로 사람을 죽이는 것이며 하나님을 섬긴다면 그런 짓이 살인죄임을 알아야 한다. 다른 사람에 대한 악한 말은 하지 말고 선한 말만 해야 한다. 뒷말이나 없는 데서 욕하지 말고 다른 사람의 좋은 점만 보고 말해야 한다.

3. 성경에서는 이런 일들을 위해 우리가 하지 말아야 할 것들에 대해서 무엇이라 가르치고 있는지 다음 구절들을 통해 알아봅시다.

(1) 스가랴 8:17

거짓말, 남을 해치려는 생각조차 가지지 말아야 한다.

(2) 마태복음 7:3

남을 판단하고 정죄하기 전에 마땅히 자신은 그 같은 죄를 짓고 있지 않은지 돌아보아야 한다.

(3) 고린도후서 12:20

다투고 시기하고 뒷말하고 있지도 않은 나쁜 말을 지어내서 퍼뜨려서는 안된다.

(4) 시편 15:3, 4

이웃이 하려는 일을 말로 훼방하지 말고 악을 행하지 말아야 한다.

정리해 봅시다

아홉 번째 계명은 자신과 이웃의 (**명예**)를 지키기 위해 (**거짓말**)을 하지 말고 (**정직**)하라는 명령입니다.

실천해 봅시다

1. 한 주간 거짓말을 할 일이 생겼을 때 혹시 손해를 보더라도 진실을 말해 봅시다.
2. 내가 한 말 때문에 상처 받거나 피해 받은 사람이 있다면 찾아가서 진심으로 용서를 구해 봅시다.

끝마침 : 이웃에 대해 거짓 증거하지 말라는 명령은 소극적으로 거짓 증거나 거짓말을 하지 말라는 가르침일 뿐만 아니라, 적극적으로 다른 사람들의 명예를 위해서 변호하며 험담을 듣고 따돌림당하는 사람들 편에 서서 그들을 위해 싸워야 함을 가르친다.

이웃의 소유를 탐내지 말라

핵심교훈 : 다른 사람이 가진 것을 탐내지 말아야 한다.

제79문 열 번째 계명은 무엇입니까?

답 열 번째 계명은 '네 이웃의 집을 탐내지 말지니라. 네 이웃의 아내나 그의 남종이나 그의 여종이나 그의 소나 그의 나귀나 무릇 네 이웃의 소유를 탐내지 말지니라'라고 하신 것입니다.

제80문 열 번째 계명은 무엇을 요구합니까?

답 열 번째 계명은 우리의 이웃과 그의 소유를 향해서 의롭고 자비로운 마음을 가지고 우리의 처지에 완전히 만족할 것을 요구합니다.

제81문 열 번째 계명이 금하는 것은 무엇입니까?

답 열 번째 계명은 우리 자신의 소유에 대해서 불만족하고 다른 사람의 성공에 대해서 시기하거나 원통히 여기며 다른 사람들에게 속한 것들을 조금이라도 탐내는 것을 금합니다.

읽어 봅시다
출애굽기 20:1, 2, 17

생각해 봅시다

- 여러분의 인생은 행복합니까? 어떤 때 진심으로 행복을 느끼고 어떤 때 진심으로 불행을 느꼈는지 서로 이야기해 봅시다.

열 번째 명령

- 십계명의 마지막 열 번째 명령을 한마디로 표현하자면 '만족'입니다. 그것은 단순히 다른 사람의 것을 훔치지 않고, 욕심 부리지 않는 소극적인 자세를 넘어 적극적으로 자신의 처지와 환경, 자신이 가진 것에 대해서 만족하라는 것입니다. 이것은 게으르고 나태하면서 그냥 '내가 원래 이래' 하며 만족하라는 말이 아닙니다. 게으른 것은 죄입니다. 만족은 최선을 다해서 하나님의 일을 행하고, 하나님이 주시는 결과물이 충분함을 인정하는 것입니다.

1. 이 땅에서 하나님이 주시는 소유에 대해서 우리는 어떠한 자세를 취해야 하는지 다음 성경의 구절들을 통해 알아봅시다.

   (1) 누가복음 12:15 너무 많은 부에 집착하거나 기대하지 말아야 한다.

   (2) 시편 16:5, 6 우리의 소유로 하나님을 기쁘시게 하는 데 사용해야 한다.

   (3) 고린도후서 9:7, 8 궁핍한 처지에 있는 사람들에게 나누어 준다.

2. 때로는 열심히 일하고 게으르지 않으나 이 땅에서 필요한 것을 충분히 얻지 못하고 가난한 삶을 살아갈 수도 있습니다. 그럴 때에는 하나님 앞에서 어떻게 만족할 수 있을까요? 다음 성경의 말씀들을 통해 알아봅시다.

   (1) 디모데전서 6:6 진정한 만족은 소유에서 나오는 것이 아니라 경건에서 나온다.

   (2) 시편 119:75 그러한 상황을 주신 하나님의 섭리가 무엇인지 진지하게 고민한다.

   (3) 로마서 8:28 최악의 상황에서도 하나님은 우리의 선을 위하여 일하시는 분이다.

   (4) 야고보서 2:5 이 땅에서의 부가 아니라 하나님나라를 유업으로 받는 데 더 큰 기쁨을 누린다.

3. 성경에서는 우리가 만족할 수 있는 이유를 알려주고 있는데, 그것은 이 땅에서 받는 진정한 복이 무엇인가 하는 것입니다. 시편 73:28을 찾아서 읽고, 그 복이 어떤 것인지, 그것이 왜 진정한 복일 수 있는지 생각해서 서로 이야기해 봅시다.

천지를 지으신 하나님을 가까이하는 것이야말로 진정한 기쁨과 복이다. 그리고 우리가 스스로 하나님께 가까이 갈 수 있는 능력이 있는 것이 아니라 하나님이 우리를 가까이해 주실 때에야 하나님과 가까이할 수 있다. 즉, 하나님이 먼저 은혜를 베풀어 주시는 것이다. 이것이야말로 감사와 만족의 절대적인 근거이다.

만족함이 없을 때

• 소요리 81문은 열 번째 계명을 설명하며, 만족하지 못하고, 이웃의 소유를 시기하며 탐욕을 가지는 것을 죄라고 선언하고 있습니다. 불만은 결국은 하나님을 향하는 것입니다. 왜냐하면 우리는 하나님을 만유의 주인으로 인정하고 섬기는 사람들이기 때문입니다. 모든 것의 주인되신 주님께서 나에게 주신 것이 합당치 않다고 여기고 남에게 주신 것이 과하다고 여기기 때문에 불만과 시기가 생기는 것입니다. 탐욕과 불만은 이렇듯 마침내는 하나님을 원망하는 신성모독으로 나아가는 큰 죄입니다.

1. 우리 신앙의 선조들은 하나님이 주신 것에 대해 만족하지 못하는 이유를 다음과 같이 가르쳤습니다. 우리는 어디에 해당하는지, 그것을 어떻게 이길 수 있는지 이야기해 봅시다.

다같이 생각해 보고 이야기해 보도록 하자.

(1) 하나님의 섭리를 믿지 못하거나 신뢰하지 못함

(2) 우리 스스로의 교만과 자신에 대한 과대평가

(3) 자아를 너무 사랑함

(4) 외적인 것을 꾸미고 남에게 나타내기를 좋아함

2. 성경은 다음과 같은 구절들을 통해서 시기심을 금해야 하는 이유를 제시하고 있습니다. 찾아서 읽어 보고 이것들을 피하기 위해 어떻게 해야 할지 이야기해 봅시다.

(1) 마태복음 20:15(포도원 주인의 비유 전체)

　　시기심은 하나님을 화나게 하며 그의 선하심을 부인하는 것이다.

(2) 요한복음 8:4 시기심은 마귀가 주는 것이요, 우리를 마귀의 자녀가 되게 한다.

(3) 야고보서 3:16 시기하는 대상에 대한 죄악이다.

(4) 베드로전서 2:1, 2 믿음이 자라지 못하게 막는다.

3. 빌립보서 4:11~13을 읽고 우리의 인생을 어떤 자세를 가지고 살아야 할지 서로 이
　야기해 봅시다.

　가난이나 부요, 즉 우리의 소유가 우리를 어떻게 하지 못하게 하고 오직 하나님을 기뻐하며 그분만
　으로 만족하며 살아가야 한다.

정리해 봅시다

열 번째 계명은 자신의 처지에 (만족)하며, 이웃의 소유에 (시기심)을 품지 말라고 명
령하고 있습니다.

실천해 봅시다

1. 오늘 내 상황에서 만족하지 못할 것들이 무엇이 있는지 살펴보고 리스트를 작성해
　봅시다.
2. 위에 작성한 리스트의 내용을 하루에 하나씩 만족으로 바꿀 수 있도록 구체적인
　방법을 생각하고 노력해 봅시다.

끝마침 : 다른 사람의 소유를 탐내는 것은 결국 내가 가진 것에 만족하지 못하기 때문
　　　　이며 나에게 주신 하나님의 사랑이 부족하다고 하나님을 탓하는 신성모독이
　　　　다. 하루하루 일용할 양식 주심에 감사하며 하나님을 찬양할 수 있도록 하나
　　　　님의 더 큰 은혜를 구하자.

그리스도인의 신앙생활

그 명령을 완전히
지킬 수 있는가?

핵심교훈 : 구원을 받았다고 의롭고 거룩한 사람이 되는 것이 아니다. 우리는 여전히
죄인이며 우리 안에는 아무런 의가 없다.

제82문 누군가 하나님의 명령을 완벽하게 지킬 수 있는 사람이 있습니까?

답 타락한 이후로 평범한 사람은 이생에서 하나님의 명령을 완벽하게 지킬 수 없
고 오히려 생각과 말과 행위에서 날마다 그 명령을 어깁니다.

제83문 하나님의 명령을 어긴 죄는 다른 죄들과 똑같이 가증스럽습니까?

답 어떤 죄들은 그 자체로, 또는 더욱 악한 것으로 발전되기에 명령을 어긴 죄는
하나님이 보시기에 다른 죄들보다 더 가증스럽습니다.

읽어 봅시다
사무엘하 11장
다윗은 하나님의 마음에 합한 사람이었습니다. 하나님께 선택받아 지도자가 되었고, 전쟁에 나갈 때마다 승리
하였으며 결국 이스라엘의 왕위에 오르게 되었습니다. 그러나, 이제 왕궁에 앉아서 평안하며 안전할 때, 부하들
을 전쟁에 보내고 자신은 안락한 삶을 영위할 그때에 위기가 찾아옵니다. 부하의 아내를 사랑하여 범했을 뿐만
아니라 그 사실을 감추기 위해 그 부하를 전쟁터의 선봉에서 죽게 했던 것입니다. 하나님의 사람이라 해서 죄를
피할 수 있는 것이 아닙니다. 은혜로 구원받은 자들도 날마다 죄 가운데 살아갑니다.

생각해 봅시다

• 소요리문답을 공부하는 여러분은 아마 구원받은 하나님의 자녀일 것입니다. 그렇다면 여러분의 삶은 하나님의 말씀에 절대 순종하는 삶을 살고 있습니까? 자신의 상태를 진단하고 서로 어떠한 상태인지 이야기해 봅시다.

계명을 지킬 능력

• 지금까지 구원받은 자들에게 주신 하나님의 계명을 살펴보았습니다. 이 계명의 내용을 다 듣게 된 후 드는 생각은 이걸 다 지킬 수 있을까 하는 두려움입니다. 사람을 죽이지 않고, 우상을 섬기지 않고, 도둑질하지 않는 것은 지킬 수 있을지도 모르지만, 마음의 상태에까지 계명을 지키기는 정말 어렵습니다. 누구나 한 번쯤이라도 다른 사람을 미워할 수 있고, 하나님보다 더 사랑하는 것이 생길 수도 있으며, 직접 도둑질하지 않아도 탐내는 마음을 품을 수 있기 때문입니다. 그렇기에 소요리문답은, 비록 구원받은 하나님의 백성이라 하더라도 하나님의 명령인 계명을 완전히 지킬 수 없다고 가르칩니다.

1. 완전히 계명을 지키며 범죄하지 않는 사람이 있는가 하는 문제에 대해서 성경이 무어라고 말씀하고 있는지 다음 구절들을 찾아서 써보고 서로 이야기해 봅시다.
   그 누구라 해도 죄를 짓지 않고 계명을 완전히 지키는 사람은 없다. 요한일서의 말씀을 보면 그렇게 말하는 사람은 오히려 거짓말의 죄를 더하는 것이다.

   (1) 시편 130:3
      주께 부르짖는, 주를 경외하며 섬기는 자라 하더라도 주님 앞에서 죄가 없다고 말할 수 없다.

   (2) 전도서 7:20
      말씀 그대로, 선을 행하고 전혀 죄를 범하지 아니하는 의인은 없다. 예수를 믿더라도 마찬가지이다.

   (3) 갈라디아서 5:17
      성령님이 내주하시는 자라 하더라도 그 육체의 욕심은 성령을 거스른다.

   (4) 요한일서 1:8, 10
      그 누구라도 죄를 짓지 않는 자는 없으며, 혹시 스스로가 의롭고 거짓이 없다 여기는 사람이 있다면 그는 자신을 속이는 사람이다. 그는 자기 스스로 죄를 더할 뿐만 아니라 하나님을 거짓말하는 이로 만드는 신성모독을 저지르는 자이다.

2. 히브리서 4:15, 로마서 9:5을 읽어 보면 이 세상에는 오직 한 사람만이 계명을 완전히 지킬 수 있었습니다. 찾아서 읽어 보고 그 사람이 누군지 이야기해 봅시다.
   오직 한 분, 완전한 하나님이시자 완전한 사람이신 예수 그리스도만이 죄악에서 벗어나 계신다. 그분도 완전한 사람이었다는 사실을 강조한다.

3. 성경의 많은 위대한 인물들은 마치 하나님의 말씀에 완벽하게 순종했던 것처럼 느껴질 때가 있습니다. 그러나 그들도 다 허물 많은 죄인들이었습니다. 다음 구절들을 읽어 보고 어떤 사람이 어떤 죄를 저질렀는지 확인해 봅시다.
   (1) 창세기 20:2, 창세기 26:7
      아브라함과 아들 이삭이 각각 아내인 사라와 리브가를 누이동생이라고 속임.

   (2) 창세기 27:24
      야곱이 장자권의 축복을 받기 위해 자신을 에서라고 하며 아버지 이삭을 속임.

   (3) 창세기 42:15
      요셉이 바로의 생명으로 맹세함. 마태복음 5:37에서 맹세에 관한 예수님의 가르침을 참고.

   (4) 시편 106:33
      모세 또한 망령된 말을 함

   (5) 사도행전 15:36~41
      바울과 바나바가 마가, 요한을 동행하는 문제로 심히 싸우고 갈라섬.

4. 특별히 성경은 적극적으로 하나님의 말씀을 거역하는 행위뿐만 아니라 우리의 마음에 품는 생각마저도 역시 계명을 어기고 범죄하는 것이라 가르칩니다. 마태복음 5:22, 28과를 찾아서 읽고 우리의 마음은 어떠한 상태인지 서로 이야기해 봅시다.
   세상의 법정에서는 '어떤 행위를 하였나'만 가지고 판결하지만, 하나님 앞에서는 행위뿐만 아니라 우리의 마음과 생각 역시 실제로 행한 행위와 같은 무게로 판결받게 된다. 생각과 마음으로 지은 죄도 행위로 지은 죄와 마찬가지로 죄악이다.

가증스러운 죄악

- 이러한 죄악은 하나님 보시기에 가증스러운 것입니다. 비록 우리가 하나님의 은혜로 믿음을 얻어 구원에 이르렀다 하더라도, 여전히 우리 삶 가운데 죄를 짓고 있으며 그 죄는 우리가 믿는 신자라 하더라도 여전히 하나님 보시기에 가증스러운 것입

니다. 이러한 우리의 상태를 잘 깨달아야 합니다. 구원파 이단은 구원을 받은 것으로 끝이며 그 이후에는 아무렇게나 살아도 상관없다고 가르치지만 우리의 구원은 끝이 아닌 시작입니다.

1. 이스라엘 백성들은 출애굽을 통하여 자신들을 구원하시는 하나님의 놀라우신 은혜를 목격하였습니다. 그럼에도 불구하고 그들은 곧 하나님을 배반하고 우상숭배에 빠졌습니다. 에스겔서 8:6, 13, 15을 읽어 보고 지금 우리의 마음과 행동은 어떠한가 확인합시다.

   이스라엘 민족은 단순히 가증한 일을 행했을 뿐만 아니라 더 크고 큰 가증을, 갈수록 더욱 크게 저질렀다는 것이다. 우리 삶은 어떠한가 서로 이야기해 보자.

2. 소요리문답은 우리에게 어떤 죄악은 다른 죄악에 비해서 하나님 보시기에 더욱 가증하다고 가르칩니다. 어떤 죄악이 더욱 가증한 죄악인지 다음 성경구절들을 통해서 알아봅시다.

   (1) 사무엘상 2:25

   율법의 첫 번째 돌판에 새긴 하나님에 대한 법을 어기는 것이 두 번째 돌판의 사람에 대한 법을 어기는 것보다 더욱 가증함.

   (2) 마태복음 11:20~24

   복음을 듣고도 거부하는 것은 다른 죄악보다 가증함.

   (3) 요한복음 19:11

   다른 사람이 범죄하도록 유도하는 것이 더욱 가증함.
   이 세 가지 더 큰 가증을 생각해 보면, 결국 하나님을 사랑하지 않는 것과 이웃을 사랑하지 않을뿐더러 죄악을 짓게 하는 것이 더 큰 죄악이라 가르친다. 남에게 피해를 주는 죄악보다 다른 사람을 유혹하여 죄악으로 이끄는 것이 더 큰 죄악이다. 잘 기억하자.

정리해 봅시다

비록 우리가 하나님의 (은혜)로 (구원)을 받았지만 우리는 여전히 (죄악) 가운데 살며 하나님 보시기에 (가증)스런 삶을 살고 있습니다.

실천해 봅시다

1. 구원받았음에도 아직 해결하지 못하는 습관적인 죄가 어떤 것인지 서로 이야기해 봅시다.

2. 위의 습관적인 죄악을 짓지 않기 위해 한 주간 노력해 봅시다.

끝마침 : 예수를 믿고 구원받은 것이 우리 인생의 완성이 아니라 거기서부터 다시 우리의 삶이 시작되며, 우리는 결국 하나님 앞에 죄인이고, 하나님은 우리의 죄악을 계속해서 감찰하시며 더 큰 은혜를 베푸시는 분이라는 사실을 이야기하며 마치자.

죄의 대가와 이를 피하는 법

핵심교훈 : 구원받은 자라 하더라도 여전히 죄를 짓는다. 그 죄의 대가는 하나님의 진 노와 저주이나, 하나님은 은혜로우셔서 죄 짓는 우리들을 위한 은혜를 허 락하셨다.

제84문 모든 죄는 그 대가를 받아 마땅합니까?

답 모든 죄는 이생과 오는 세상에서 하나님의 진노와 저주를 받아 마땅합니다.

제85문 죄의 대가로 우리가 마땅히 받아야 할 하나님의 진노와 저주를 피하기 위 해 하나님이 우리에게 요구하시는 것은 무엇입니까?

답 우리 죄의 대가로 받을 하나님의 진노와 저주를 피하기 위해 하나님이 우리에 게 요구하시는 것은, 그리스도의 구속의 유익을 끼치시려는 모든 외적인 수 단들을 사용하여 예수 그리스도 안의 믿음과 생명에 이르는 회개를 하는 것 입니다.

읽어 봅시다
잠언 2:1~10
잠언은 하나님을 믿는 백성이 얻어야 할 지혜와 방법을 가르쳐 주는 글입니다. 잠언에서는 그 무엇보다도 하나 님을 경외하며 따르는 자야말로 지혜로운 자라고 가르칩니다. 하나님께서는 어떠한 상황과 환경 가운데서도 자 신을 따르고 찾는 자들을 결코 포기하지 않으십니다. 잠언을 통해서 삶의 지혜를 깨달읍시다.

생각해 봅시다

• 우리는 예수를 믿고 구원받았다고 하지만 때로는 이전과 다를 바 없는 죄의 인생을 사는 것 같아 절망할 때가 있습니다. 그럴 때 그런 절망을 어떻게 이겼는지 서로 경험을 이야기해 봅시다.

계명을 어겼을 때

• 하나님은 죄를 미워하시는 분이십니다. 그분은 거룩하신 분이시며 죄와 함께 하실 수 없는 분이십니다. 그분은 자신의 백성들 역시 죄와 멀어지기를 원하시며, 죄를 벌하시는 분이십니다. 모든 죄는 그 결과로 하나님의 진노와 저주를 얻게 됩니다. 누구도 예외는 없습니다.

1. 어떤 사람들은 율법을 지킴으로 구원을 받을 수 있다고 생각합니다. 그들은 하나님을 믿는 믿음으로는 부족하며, 우리의 노력이 함께해야 한다고 말합니다. 야고보서 2:10은 이에 대해서 뭐라고 증거하는지 찾아서 읽어 봅시다.
   율법 중 하나라도 어기는 사람은 모든 율법을 어기는 것과 같다. 즉, 아무리 율법을 지키려 애쓰는 사람이라도 모든 율법을 철저하게 지키는 것은 불가능하므로 그 누구도 율법을 지킬 수 없고, 이는 율법을 통해 구원받을 수 있다는 가능성을 차단하는 일이다. 율법으로는 구원을 받을 수 없다.

2. 우리는 이미 죄의 삯은 사망이라고 배웠습니다. 로마서 6:23을 찾아서 읽고 외워 봅시다.
   그 누구도 죄를 피할 수 없기에 그 누구라도 결국 사망에 이르게 될 것이다.

3. 죄인들이 겪을 저주와 비참함은 생명을 빼앗기는 죽음으로 그치는 것이 아닙니다. 죄를 짓는 자들에게는 영원한 고통이 예정되어 있습니다. 마태복음 25:41을 찾아서 읽어 보고 그것이 어떠한 상태인지 서로 이야기해 봅시다.
   영원한 불과 영원한 형벌은 죄 지은 자를 위하여 예비되어 있다. 이 땅에서의 저주와 진노, 슬픔과 마침내 죽음으로 끝나는 것이 아니라 죄인들에게는 죽음 이후에도 영원한 형벌과 불과 고통이 예비되어 있다.

은혜의 방편

• 여기까지 공부한 우리들은 구원받았음에도 불구하고 하나님의 계명을 지키지 못하며 죄 가운데 빠져 있음에 절망할 수밖에 없습니다. 그러나 하나님은 자신의 자

녀들을 사랑하시되 끝까지 사랑하시는 분이십니다. 그분은 이미 우리가 나약하며 죄를 지을 수밖에 없고 하나님의 은혜가 필요한 존재들임을 알고 계십니다. 죄의 문제로 고민하며 고통받는 우리들을 위해 하나님께서는 죄로 인한 진노와 저주를 벗어날 수 있는 방법을 알려주셨습니다. 그것은 예수 그리스도를 믿으며, 생명에 이르는 회개를 하고, 그리스도께서 구속의 유익을 우리에게 끼치기 위해 주신 수단들을 부지런히 사용하는 것입니다.

1. 진노와 저주를 피하기 위해 예수 그리스도를 믿으라는 이유는 무엇일까요? 다음 구절들을 통해 알아봅시다.

   (1) 빌립보서 3:9

   그리스도인들의 의는 자신의 안에서 생겨나는 자신의 의가 아닌 그리스도의 의를 받아서 누리는 것이다. 믿음으로 구원받았으므로 자신의 의로워지는 것이라 생각해서는 안된다. 자신은 여전히 죄인이며 그 죄 위에 그리스도의 의가 전가되어 하나님의 진노와 저주를 피할 수 있게 하신다.

   (2) 사도행전 10:43

   우리가 죄사함 받는 것도 우리 안의 어떤 것이 아닌 그리스도의 이름을 힘입어 얻는 것이다. 구원받은 자들도 역시 철저하게 자신이 여전한 죄인임을 기억하고 고백하며 그리스도의 의롭다 해주심을 날마다 구하여야 한다.

2. 진노와 저주를 피하기 위해 생명에 이르는 회개를 하라고 요구하시는 이유는 무엇일까요? 다음 구절들을 통해 알아봅시다.

   회개하는 자들에게 하나님이 용서를 주시기 때문이며, 그런 사람들만이 새로워질 수 있기 때문이다. 반복되는 내용이지만, 신자라고 해서 날마다 죄 짓는 것이 아무런 문제가 되지 않는 것은 아니다. 신자의 죄 역시 하나님의 진노와 저주의 대상이며 이런 죄에 대한 회개와 죄사함이 날마다 필요하다.

   (1) 사도행전 3:19

   (2) 사도행전 2:38

3. 진노와 저주를 피하기 위해 예수 그리스도께서 우리에게 주신 수단은 무엇일까요?

   우리가 신앙생활을 유지하기 위해 어떤 일들을 하고 있는지 서로 이야기해 봅시다.

   소요리문답에서는 말씀과 성례와 기도라 가르치고 있다. 다음 시간부터 배우겠지만, 학생들은 스스로 어떤 방법으로 그리스도의 은혜를 구체적으로 받을 수 있다고 생각하는지 들어보자.

정리해 봅시다

죄의 결과는 하나님의 영원한 (**진노**)와 (**저주**)이지만, 예수 그리스도를 믿는 (**믿음**)과 생명에 이르는 (**회개**)와 예수님이 (**구속**)의 은혜를 우리에게 주시기 위해 사용하시는 여러 (**외적인 수단**)들을 통해서 이를 피하게 하십니다.

실천해 봅시다

1. 한 주간 습관적인 죄악들을 피하기 위해 노력하자고 지난 시간에 이야기했습니다. 그 결과가 어떤지 서로 이야기해 봅시다.
2. 습관적인 죄악을 피하기 위해 우리에게 필요한 방법은 믿음과 회개와 예수님이 사용하시는 수단이라고 했는데 다음 한 주간 이를 어떤 식으로 사용할 수 있을지 생각해 보고 실제로 사용해 봅시다.

끝마침 : 신자들의 죄도 불신자들의 죄와 마찬가지로 하나님의 진노와 저주를 불러일으킨다. 그러나 하나님은 신자들에게만은 은혜를 베푸셔서 그 진노와 저주를 피할 길을 주셨는데 이는 믿음과 회개와, 다음 주부터 배울 외적인 수단들을 사용하는 것이다.

39과

은혜의 방편

핵심교훈 : 39과에서는 지난 주에 배웠던 진노와 저주를 피하는 방법에 대해서 조금 더 구체적으로 배운다. 믿음과 회개와 은혜를 주시기 위한 외적인 방법. 잊지 말자.

제86문 예수 그리스도 안의 믿음은 무엇입니까?

답 예수 그리스도 안의 믿음은 구원의 은혜인데, 그에 따라 그가 우리에게 주신 복음대로, 우리는 그분 한 분만을 받아들이고 의지함으로 구원을 얻습니다.

제87문 생명에 이르는 회개는 무엇입니까?

답 생명에 이르는 회개는 구원의 은혜인데, 그에 따라 죄인이 자신의 죄에 대한 참된 자각과 그리스도 안에 있는 하나님의 자비하심을 깨달아, 자신의 죄를 비탄하며 미워하고, 굳은 결심과 노력과 새로이 순종함으로 하나님께 돌이키는 것입니다.

제88문 구속의 유익을 우리에게 전달하기 위하여 그리스도께서 쓰시는 외적인 방법들은 무엇입니까?

답 구속의 유익을 우리에게 전달하기 위하여 그리스도께서 쓰시는 외적인 그리고 통상적인 방법들은 그분의 규례들인데, 특별히 말씀과 성례와 기도이며 이는 모두 구원받기로 선택된 자들에게 효력이 있습니다.

읽어 봅시다

시편 51편

시편 51편은 다윗이 밧세바와 간음한 후 나단 선지자의 책망을 받고 지은 시입니다. 다윗은 이 시를 통해서 자신의 죄를 철저히 회개하고 구원의 기쁨을 회복시켜 주시기를 하나님께 간청하고 있습니다. 이렇듯 회개는 단지 죄를 고백하는 것에서 그치지 않고 적극적으로 하나님께로 돌이켜 더 이상 같은 죄를 반복하지 않는 것을 포함합니다. 우리가 날마다 짓는 죄들을 슬퍼하며 그 죄로부터 돌이킬 힘 주시기를 하나님께 요청합시다.

생각해 봅시다

• 죄를 짓지 않기 위해 한 주간 노력했나요? 그 노력의 결과는 어땠습니까? 내 의지로 되지 않는 일을 만났을 때에 우리는 무엇을 의지해야 할지 서로 이야기해 봅시다.

은혜의 방편 1, 믿음

• 죄를 벗어나려고 아무리 노력해도 우리의 노력은 한계가 있으며 죄에서 벗어나게 할 수 없습니다. 우리는 오직 하나님을 의지해야 합니다. 하나님께서는 연약한 우리들을 위해 세 가지 은혜의 방편을 주셨는데, 그것은 첫 번째로 믿음입니다. 그리스도를 믿는 자들은 하나님께서 은혜를 주셔서 죄에서 벗어나게 하십니다.

1. 우리는 믿음으로 의인이 됩니다. 로마서 3:22을 읽고 이 말이 어떤 의미이며 이 의는 어디서 오는지 서로 이야기해 봅시다.

   로마서 3장에서는 율법과 의와 불의에 대해서 설명한다. 20절까지는 인간의 행위로는 의로울 수 없으며 누구나 율법을 통해 정죄받게 됨을 이야기하다가, 21절부터 인간의 의가 아닌 다른 의가 있으며 그 의를 통해 의롭다 하심을 받을 수 있다는 설명을 하고 있다. 하나님은 예수 그리스도의 십자가를 통해서 자신의 공의를 만족시키셨고 십자가의 의를 인간에게 전가시키셔서 인간의 의로 인정하시고 자신의 행위가 의롭지 않으나 십자가의 의를 전가받은 사람을 의롭다고 여겨 주신다. 그러므로 자신의 행위로 의로워지는 것이 아니라 예수 십자가의 의를 믿는 믿음으로 의로워진다 (28절).

2. 디도서 1:1과 사도행전 13:48을 읽고 어떤 사람이 믿음을 가지게 되는지 서로 이야기해 봅시다. 그리고 이 믿음은 우리의 행위인지 하나님의 은혜인지도 이야기해 봅시다.

   두 구절이 모두 선택받은 자들에게 하나님이 믿음을 주심을 설명하고 있다. 부패한 인간은 스스로의 노력으로는 하나님을 아는 것도, 하나님을 믿는 것도 불가능하다. 창조주이신 하나님을 피조물인 인간이 스스로의 노력과 열심으로 아는 것은 가능한 일이 아니다. 오직 하나님께서 은혜 주시기로 선택한 자들만 은혜를 통해 믿음을 얻을 수 있다.

은혜의 방편 2, 회개

• 회개는 구원의 은혜입니다. 죄인이 자기의 죄와 하나님의 자비하심을 깨닫고 결심하고 노력하며 순종하여 하나님께로 돌이키는 것이 회개입니다. 기억해야 할 것은 죄를 깨닫고 하나님의 자비하심을 의지하는 것만으로는 완전한 회개가 아니라는 것입니다. 반드시 굳은 결심과 계속적인 노력과 새로운 순종으로 죄를 향하여 가던

길을 멈추고 하나님께로 돌이켜야만 제대로 된 회개가 일어난다는 것을 기억하고 실천해야 합니다.

1. 사도행전 11:18, 에스겔서 18:21, 고린도후서 7:10을 찾아서 읽어 보고 왜 이런 죄의 자각과 하나님께로의 돌이킴을 '생명에 이르는' 회개라고 하는지 알아봅시다.

   우선 행11:18에서는 생명 얻는 회개라고 이야기하고 있다. 에스겔에서는 이를 풀어서 반드시 살고 죽지 아니할 것이라고 설명하며, 고후7:10에서는 이를 구원에 이르게 하는 회개라고 표현한다. 죄로 말미암아 하나님과의 단절로 모든 인류는 살았어도 죽은 상태임을 이미 소요리 곳곳에서 설명하고 있다. 죽어 있는 그들 중, 앞에서 이야기한 것 같이 하나님이 선택한 어떤 이들에게 하나님은 은혜를 베푸셔서 그 죄를 깨닫게 하시고 회개하게 하신다. 그리고 그러한 은혜를 받은 자들만이 하나님과의 관계가 회복된, 생명을 얻은 자들이 된다. 그러므로 하나님이 은혜로 회개케 하시는 자들은 생명에 이르는 회개를 하는 것이다.

2. 에스겔 36:26, 27을 읽고 생명에 이르는 회개는 결국 누구로부터 오는 것인지 알아보고 하나님이 그렇게 해주시기를 기도합시다.

   신구약 성경을 막론하고 성경은 언제나 변함없이 회개와 생명은 하나님이 주시는 은혜임을 설명하고 있다. 에스겔의 이 말씀도 결국 하나님이 새 영을 주셔서 부드러운 마음을 만드셔야만 회개할 수 있고 생명을 얻게 될 수 있음을 알 수 있다. 또한 지금까지의 맥락에서 보는 것처럼 구원받은 자로서 십계명을 지킬 수 있는 것도 하나님이 하나님의 영을 주셔서 그분의 율례를 행하게 하셔야만 가능한 일이다. 에스겔 말씀을 통해, 신약 성경에서만 이야기하는 것이 아니라 구약에서도 마찬가지의 이야기를 하는 것을 알 수 있다.

은혜의 방편 3, 그리스도께서 사용하시는 통상적인 외적 수단들

- 믿음과 회개와 함께 하나님이 우리에게 주시는 은혜의 방편들 가운데 하나는 예수 그리스도께서 사용하시는 통상적인 외적 수단들인데, 바로 말씀과 성례와 기도입니다. 이 수단들은 말 그대로 '외적'이어서 우리가 직접 경험하고 실천할 수 있는 것들입니다. 우리는 이를 실천함으로 죄에서 멀어질 수 있고 하나님의 은혜를 풍성하게 누릴 수 있습니다.

1. 먼저, 이런 수단들을 사용하는 자체가 우리를 구원에 이르게 할 수 있을까요? 골로새서 2:20~23을 찾아서 읽어 보고 이런 행위가 구원받음에 어떤 효력이나 유익이 있는지 이야기해 봅시다.

   이런 수단들을 행하는 자체에 어떤 신비한 능력이 있어서 우리를 새롭게 하는 것이 아니라 오직 하나님의 은혜만이 가능하다. 외적으로 우리가 행하는 일이지만 행위 자체에 가치가 있다고 생각해서는 안되고 말씀을 읽을 때 그 말씀 속에서, 성례를 받을 때 그 성례를 통하여, 기도를 드릴 때 기도 드리게 하심으로 우리에게 베푸시는 하나님의 은혜가 있어야만 이런 행위들이 비로소 가치를 얻게 된다.

2. 베드로전서 1:23을 읽고, 우리의 구원의 효력은 결국 어디서 오는 것인지 서로 이야기해 봅시다.

하나님이 우리에게 베푸신 말씀, 곧 성경을 통해서이다. 어찌되었건 하나님의 은혜는 성경말씀을 통해서 베풀어진다. 성례도 기도도 성경에서 가르치시고 알려주신 대로 행해야만 은혜가 베풀어진다. 모든 그리스도인의 삶의 기초는 성경에 세워져 있다.

정리해 봅시다

죄인들을 구원하시기 위해 하나님이 우리에게 은혜로 주신 방법은(믿음)과 (생명에 이르는 회개)와 (말씀)과 (성례)와 (기도)인 그리스도의 통상적인 수단들입니다.

실천해 봅시다

1. 보통 교회들에서는 추수감사절 즈음 세례와 성찬을 시행합니다. 아직 세례나 학습이나 입교를 받지 못한 사람들이 있다면 지난 39주간 배운 소요리 문답을 통해 알게 된 믿음을 고백하는 성례에 참여하도록 신청합시다.
2. 습관적인 죄를 짓지 않기 위해 지난 두 주간 노력했습니다. 다음 한 주는 그 죄로부터 돌이켜 반대로 하나님께 순종하는 것이 어떤 일인지 생각해 보고 실천합시다.

끝마침 : 믿음과 회개와 그리스도의 은혜는 영혼의 구원을 위하여서만 작동하는 것이 아니라 구원받은 자들의 성결하고 거룩한 삶을 지탱해 주는 원인과 능력이 된다. 우리의 힘으로 거룩할 수 없고 그리스도의 은혜로만 신자들의 거룩이 이루어짐을 기억하여 그리스도의 은혜를 구하자.

그리스도의 방법, 말씀

핵심교훈 : 믿음과 회개가 우리의 내면을 통해 역사하신다면 오늘부터 배울 세 가지는 외적으로 보이는 방법으로 우리에게 주어지는 은혜들이다. 그 첫번째는 하나님의 말씀이다.

제89문 말씀이 어떻게 구원을 위한 효력이 됩니까?

답 하나님의 성령께서는 말씀을 읽고, 특별히 말씀을 설교하는 것을 죄인들이 깨닫게 하고 돌이키게 하며, 믿음을 통한 구원으로 그들을 거룩과 평안함으로 세우는 데 효과적인 방법으로 사용하십니다.

제90문 어떻게 해야 말씀을 읽고 듣는 것이 구원을 위한 효력이 됩니까?

답 말씀이 구원의 효력이 되려면, 우리는 부지런함과 준비와 기도로 말씀에 참여해야 하며, 믿음과 사랑으로 말씀을 받아들이고, 말씀을 우리 마음에 두며, 우리 삶에 말씀을 연습해야 합니다.

읽어 봅시다
이사야 1:1~15

하나님께서는 이사야 선지자를 통하여 이스라엘의 죄상을 낱낱이 알려주시고 이에서 돌이킬 것을 명령하십니다. 하나님의 말씀은 때때로 날카로운 칼같이 우리의 마음에 파고들어 죄악을 파해칩니다. 그러나 그것은 외과 의사의 수술칼과 같아서 우리를 해치는 것이 아닌 우리의 병을 낫게 하는 칼입니다. 이사야가 전한 하나님의 말씀도 날카로운 칼과 같았지만 이스라엘 백성이 어떻게 하면 죽음을 피하고 삶을 얻을 수 있을지 가르치는 말씀이었습니다. 귀 있는 자는 들어야 합니다.

생각해 봅시다

- 회개를 원하고 죄를 떠나기 원한다면 먼저 죄가 무엇인지 알아야 합니다. 내 삶가운데 어떤 행위나 생각이 죄임을 어떻게 알 수 있을지 서로 이야기해 봅시다.

하나님 말씀의 효능

- 하나님의 말씀에는 능력이 있습니다. 그것은 죄인으로 하여금 죄를 깨닫게 하고 거룩과 평안함의 방법을 알려줍니다. 하나님의 말씀을 읽고 듣는 사람들은 죄가 무엇인지 깨닫게 됩니다. 이전에 죄인지 모르고 행하던 일들도 하나님의 말씀을 통해서 그것이 죄라는 것을 알게 됩니다. 뿐만 아니라 죄를 깨닫고 회개하는 자들에게 믿음을 주고 경건을 얻게 합니다.

1. 성경은 우리에게 이러한 효력을 발휘하기 위해 어떻게 해야 한다고 가르치는지 다음 구절들을 통해서 알아봅시다.

   첫 번째 가르침은 성경을 읽을 뿐 아니라 연구해야 한다는 것이다. 하나님은 성경을 단순히 읽는 것만으로도 은혜를 주시지만 이를 연구하고 해석하는 자들에게 은혜를 주신다. 우선 읽을 뿐만 아니라 그것이 정말로 무슨 뜻인지, 성경 전체에서, 각 권 안에서, 그 문맥 안에서 어떤 위치를 차지하고 의미를 가지고 있는지를 연구해야 한다.

   (1) 신명기 17:19, 요한복음 5:39

   (2) 이사야 55:3, 고린도전서 1:21

2. 죄에 대해서 성경이 어떻게 작용하는지 다음 구절들을 찾아서 이야기해 봅시다.

   성경을 이렇게 연구할 때, 성경 말씀은 우선적으로 신자들이 자신의 죄를 깨닫게 한다. 죄를 책망하며 숨은 일들이 드러나게 하여 하나님께 경배하게 하며 영혼을 소성시킨다.

   (1) 고린도전서 14:24, 25

   (2) 시편 19:7

3. 하나님의 말씀은 죄를 깨달은 자들이 거룩한 삶을 살게 합니다. 어떻게 그렇게 하는지 다음 구절들을 통해 알아봅시다.

   이렇게 성경을 연구하고 성경 말씀을 통해 책망을 받고 자신의 죄를 깨닫고 영혼이 살아난 자들에게 성경은 마치 갓난아이에게 먹이는 젖과도 같이 그 영혼이 자라나게 하며 교훈과 책망과 바르게 함과 의로 교육하며 모든 생각을 사로잡아 그리스도께 복종케 한다. 결국 성경 말씀을 통해서 그 영혼이 구원받을 뿐만 아니라 주의 말씀을 통해 그 행실을 깨끗하게 하신다.

(1) 베드로전서 2:2

(2) 디모데후서 3:16, 17

(3) 고린도후서 10:4, 5

(4) 시편 119:9

4. 또한 하나님의 말씀은 선택받은 자들이 구원에 이르도록 역사합니다. 로마서 1:16 을 찾아서 써봅시다.

결국 성경 말씀의 이런 영향은 구원받기로 예정된 자들이 읽어서 구원받게 되고 하나님의 백성이 되게 이끄신다.

읽고 들어야 할 하나님의 말씀

• 하나님의 말씀이 우리 안에서 역사하려면 우리는 그것을 잘 읽고 들어야 합니다. 매일 성경 읽기를 실천하고 예배시간에 선포되는 설교 말씀에 귀기울여야 합니다. 뿐만 아니라 읽고 들은 말씀을 우리 삶에 적용하고 실천하기 위해서 노력해야 합니다. 그러기 위해서 말씀을 읽고 들을 때 준비가 필요합니다.

1. 하나님의 말씀을 듣고 읽기 전에 갖추어야 할 준비는 어떤 것입니까? 다음 구절들을 찾아서 읽어 보고 그러한 준비를 갖추고 성경을 읽고 설교를 듣는지 내 자세를 점검해 봅시다.

사도행전 10:33의 말씀은 극단적으로 설교자의 입술을 통해 하나님이 말씀하시니 그 말씀이 선포되는 자리는 하나님 앞이라는 표현까지 사용하고 있다. 설교를 듣는 자들은 설교자의 입술을 통해서 선포될 하나님의 말씀을 기대하고 사모하며, 간절히 구해야 한다. 하나님이 나에게 직접 말씀하신다는 사실을 인정하고 기대해야 한다.(물론 메시지와 메시지를 전하는 메신저는 분명히 구별해야 한다.)

(1) 사도행전 10:33

(2) 베드로전서 2:1, 2

(3) 잠언 8:34

2. 이런 준비를 갖추었다면 이제 성경을 읽고 설교를 들을 때의 태도를 바로 해야 합니다. 성경은 어떤 태도를 가지고 말씀을 읽고 들어야 하는지 우리에게 가르쳐 줍니다. 다음 구절들을 통해서 알아봅시다.

이렇게 선포된 하나님의 말씀을 우리는 잘 듣고 간직하며, 귀를 기울이고 깨닫고, 사랑해야 한다.

(1) 잠언 2:1, 2, 5

(2) 베드로후서 1:21

(3) 시편 119:159, 167

3. 말씀을 읽고 설교를 들었다면 그 후에 우리는 어떤 태도를 취해야 할까요? 다음 구절들을 통해서 알아봅시다.

> 매우 간단하다. 마음에 새기고 지켜야 한다. 말씀을 듣기만 하고 지키지 않는 자들, 지킬 마음이 없는 자들은 하나님의 백성이 아니면서 하나님의 백성이라고 스스로를 속이는 자이다. 구원받은 자들은 율법을 듣기만 하는 자가 아니라 이를 실천하는 자다. 이것은 율법주의와는 다른 문제이다. 율법주의는 율법을 지키는 자가 구원을 얻는다는 주장이나, 성경은 언제나 구원은 오직 하나님으로부터 오는 은혜임을 강조한다. 우리는 하나님의 은혜로 구원받았기에 그 은혜와 사랑으로 말미암아 율법을 지켜야 함을 인정한다.

(1) 시편 119:11

(2) 야고보서 1:22, 25

정리해 봅시다

구원의 효력을 끼치기 위해 그리스도께서 사용하시는 첫 번째 방법은 하나님의 (**말씀**)을 읽고, (**설교**)를 듣는 것입니다.

실천해 봅시다

1. 소요리 성경공부를 처음 시작하면서 매일 정해진 분량의 성경을 읽기로 작정했었습니다. 작정대로 잘 읽었는지 점검하고 다음 한 주는 빠지지 말고 하나님의 말씀을 읽고 듣기 위해 노력합시다.

2. 예배시간, 특히 설교를 듣는 자세를 점검하고 바른 자세로 집중해서 설교를 듣기 위해 노력합시다.

끝마침 : 그리스도가 우리에게 베푸시는 외적인 은혜의 수단 첫 번째는 하나님의 말씀이다. 우리는 성경 말씀을 읽고 연구하고 순종하며 또한 강단에서 선포되는 설교에 귀 기울이고 그것이 하나님으로부터 나온 말씀임을 인정하며 그 가르침을 마음에 새기고 지켜 행해야 한다.

그리스도의 방법, 성례

핵심교훈 : 그리스도의 외적인 은혜의 수단 두번째는 성례이며, 우리 개신교에서는 세례와 성찬의 두 가지만을 하나님으로부터 온 성례로 인정한다. 41과에서는 성례가 어떤 것이며 어떻게 그리스도의 은혜의 방편이 되는지에 대해서 설명한다.

제91문 성례를 행함이 어떻게 구원에 있어 효과적인 방법이 됩니까?

답 성례가 구원의 효과적인 방법이 되는 것은 그 자체나 성례를 행하는 자의 어떤 덕 때문이 아니라 오직 믿음으로 그것을 받는 자들 안에서 그리스도의 복 주심과 그분의 성령님의 일하심 때문입니다.

제92문 성례란 무엇입니까?

답 성례는 그리스도에 의해 세워진 거룩한 예식인데, 이 안에서 눈에 보이는 표지들로 인해 그리스도와 새 언약의 유익들이 믿는 자들에게 다시 나타나고, 인쳐지고, 적용되는 것입니다.

제93문 신약의 성례는 무엇입니까?

답 신약의 성례는 세례와 성찬입니다.

읽어 봅시다
사도행전 8:9~24
초대교회 사도들이 행하는 이적을 보고 어떤 사람들은 그 이적 자체를 흉내 내서 자신들도 능력 베풀기를 원했습니다. 그러나 진정한 하나님의 능력은 이적 자체에 있는 것이 아니라 하나님을 믿는 믿음과 거룩하게 살려고 노력하는 경건에 있습니다. 결국 돈으로 능력을 사려 했던 시몬, 시몬 마구스는 영지주의 이단의 시조가 됩니다. 경건의 능력이 아닌 능력 자체에 대한 관심은 우리를 잘못된 길로 이끕니다.

생각해 봅시다

- 우리가 행하는 예식, 예배나 세례나 성찬은 우리들의 신앙에 어떤 의미가 있습니까? 예배나 성찬에 거룩하고 기쁜 마음으로 참여하고 있습니까?

성례의 능력

- 성례에 대해서 설명하면서 소요리문답은, 먼저 성례의 능력이 그 예식 자체나 예식을 집례하는 사람에게서 나오는 것이 아니라는 것을 분명히 합니다. 우리는 때때로 교회의 예배나 성례나 절기나 예식이 그 자체로 어떤 거룩한 능력을 가졌다고 생각합니다. 그러나 사실은 그렇지 않습니다. 하나님께서는 예식 자체에 의미를 두는 것을 싫어하십니다. 예배나 성례가 하나님의 능력이 되는 것은 오직 그것을 그리스도께서 정하셨기 때문입니다.

1. 고린도전서 3:6~7을 읽어 보고 하나님의 일에 우리가 어떻게 참여할 수 있는지 생각해 봅시다.

   고전 3:6,7은 복음 전파에 있어서 바울과 아볼로의 참여를 이야기하고 무엇보다 자라게 하시는 이는 하나님이심을 증거하는 구절이다. 우리는 바울과 아볼로처럼 씨를 뿌리고 물을 주는 일을 할 수 있다. 복음을 전파하고, 사람들을 교회로 불러 모으고, 그들에게 하나님의 말씀을 가르치며, 세례와 성찬을 베풀 수 있다. 그러나 그 뒤에서 역사하셔서 그들에게 은혜를 베푸시고, 구원을 주시며, 믿음을 자라게 하시는 이는 하나님이시다. 우리는 모든 역사의 주인이 하나님이심을 인정하는 것처럼 구원과 믿음에 있어서도 그 주인공은 하나님이심을 잊지 말아야 한다. 성례 역시 그것을 베푸는 사람의 손과 행해지는 예식에 어떤 의미와 능력이 있는 것이 아니라 그것을 제정하시고 그 안에서 은혜를 주시는 하나님의 능력에 근거한 일이다.

2. 성례가 구원의 효과적인 방법이 될 수 있는 이유에 대해서 성경은 무엇이라고 가르치는지 다음 구절들을 통해서 알아봅시다.

   이 두 구절은 모두 성례를 통하여 그리스도께서 우리와 함께 계심을 증명하고, 성령 하나님이 우리 안에 내주하는 것을 증거한다. 믿음으로 세례를 받고 성찬에 참여하는 자들은 이 성례를 통하여 성령 하나님이 날마다 우리와 함께하시는 은혜를 경험하게 된다.

   (1) 마태복음 28:20
   (2) 고린도전서 12:13

눈으로 볼 수 있는 표지

- 우리는 다른 어떤 것들보다도 더욱 성례를 통해서 하나님의 은혜를 눈으로 볼 수 있고 몸으로 체험할 수 있습니다. 마치 결혼의 언약을 눈으로 볼 수 있게 해주는 것이 결혼반지와 혼인서약서, 혼인신고 후 가족관계증명이듯이, 하나님의 새 언약, 그리스도를 통해 구원하시겠다는 언약이 우리에게 이루어졌음을 눈으로 보여주는 표지가 바로 성례입니다. 하나님께서는 이 성례들로 우리가 구원받았음을 알려주시고 구원의 능력을 우리에게 적용하십니다. 성례는 보이지 않는 은혜에 대한 보이는 표지입니다.

1. 출애굽하는 이스라엘 백성들에게 하나님은 그들의 주인과 하나님 되심을 눈으로 볼 수 있는 표지를 주셨습니다. 그것이 무엇인지 다음 구절들을 통해 알아봅시다.
   성례는 하나님의 은혜와 임재, 동행하심을 우리의 눈으로 볼 수 있게 만들어 주는 예식이다. 구약 성경에서는 하나님께서 다양한 방법으로 이스라엘 백성과 함께하심을 보여주셨는데, 그 중 가장 대표적인 것이 출애굽 때 이스라엘 백성들이 경험한 구름기둥, 불기둥, 그리고 만나였다. 하나님은 이스라엘 백성들을 사랑하시고 그들과 동행하시며 그들을 인도하심을 구름기둥, 불기둥, 그리고 만나로 나타내셨다.

   (1) 출애굽기 13:21, 22

   (2) 출애굽기 16:14~18

2. 그리스도께서 정하신 성례가 어떻게 우리에게 언약의 혜택을 끼치는지 다음 구절들을 읽어 보고 생각해 봅시다.
   구약시대 백성들이 할례를 통해서 영원히 그들과 함께하시겠다는 하나님의 언약을 그들의 몸으로 받은 것처럼, 세례는 물이 머리에 뿌려짐으로써, 또는 물에 온 몸을 담금으로써 하나님의 구원의 은혜가 우리에게 임했다는 약속을 몸으로 받는 것이다. 또한 성찬의 빵과 포도주에 참여함으로 그리스도의 몸에 동참하는 것을 우리의 입과 몸으로 받는 것이다. 몸으로 느낄 수 있도록 받게 된다는 것을 강조하자.

   (1) 창세기 17:10

   (2) 로마서 4:11

두 가지 성례, 세례와 성찬

- 가톨릭에서는 7성사를 이야기합니다. 즉 세례, 견진, 성체, 고해, 병자, 성품, 혼인성사가 그것입니다. 그 밖에도 여러 가지 준성사들을 제정하여서 7성사에 버금가는

효력을 끼친다고 가르칩니다. 그러나 그리스도께서 친히 받으시고 제정하신 성사는 두 가지입니다. 요단강 가에서 세례 요한에게 직접 세례를 받으셨고, 십자가를 지시기 전날 밤 제자들과 성찬을 행하셨습니다. 그 밖의 다른, 구원의 은혜를 적용하는 성사는 없습니다.

1. 마가복음 1:9~11을 읽어 보고 예수님께서 어떻게 세례 받으셨고 무슨 일이 있었는지 이야기해 봅시다.
   예수님의 공생애는 세례 받음으로부터 시작된다. 세례 요한에게 세례 받으셨으며, 세례 받고 올라오실 때 하늘이 열리고 성령이 비둘기처럼 그 위에 임하며 성부 하나님은 '너는 내 사랑하는 아들이라' 하시며 '너를 기뻐한다'고 말씀하셨다.

2. 마태복음 26:26~30을 읽고 예수님이 정하신 성찬식에 대해서 알아보고 어떻게 행해야 하는지 이야기해 봅시다.
   잡히시기 전날 밤 마지막 만찬을 하시며 빵을 떼어 자신의 몸이라 내어주시고, 포도주를 나누시며 자신의 피라 말씀하셨다. 우리는 주님의 살과 피에 합당하게 성찬에 참여해야 한다.

정리해 봅시다
(성례)는 그리스도께서 직접 제정하신 예식인데, (세례)와 (성찬)의 두 가지가 있습니다.

실천해 봅시다
이 과를 공부할 때 즈음이면 추수감사절이 다가왔을 것입니다. 많은 교회들에서 추수감사절에 세례와 성찬을 베풉니다. 하나님에 대한 믿음을 고백하고 세례를 받았으면 경건하게 준비하여 성찬에 참여합시다.

끝마침 : 하나님의 은혜를 우리 눈으로 보게 하는 참된 성례는 예수님이 제정하신 세례와 성찬밖에 없다. 성례는 보이지 않는 하나님의 은혜를 우리의 몸으로 느낄 수 있게 베푸시는 예식이다.

세례란 무엇인가?

핵심교훈 : 세례는 물로 씻어 깨끗해져 주님께 접붙여졌음을 상징하는 성례이다. 그리스도에 대한 믿음과 순종을 고백하는 사람들과 믿는 교인들의 유아들에게 베푼다.

제94문 세례란 무엇입니까?

답 세례는 성부와 성자와 성령의 이름 안에서 물로 씻음으로, 우리가 그리스도께 접붙여졌으며 은혜 언약의 유익들에 참여하며 주님의 것이 되기를 상징하고, 인치는 성례입니다.

제95문 세례는 어떤 사람에게 베풀어집니까?

답 세례는 보이는 교회 밖에 있는 자들에게는 그들이 그리스도에 대한 믿음과 순종을 고백하기 전까지 베풀지 않습니다. 다만 보이는 교회 일원들의 유아들에게는 베풉니다.

읽어 봅시다
출애굽기 14:13~30
출애굽한 이스라엘 민족이 가장 처음 만난 어려움은 홍해와 애굽 군대 사이에 갇히게 된 것입니다. 하나님은 그들 앞의 홍해를 가르시고 물 가운데로 그들을 지나가게 하셨습니다. 이는 이전에 애굽 땅에서 살던 인생과의 결별이자 앞으로 하나님 백성으로서의 삶을 시작하는 지점이었습니다.

생각해 봅시다

- 세례를 받았습니까? 세례를 받은 후에 내 인생에 어떤 변화가 생겼습니까? 생겼다면 어떤 변화가 생겼는지, 그렇지 않다면 왜 변하지 않는지 생각해 봅시다.

서례

- 세례는 죄 씻음의 상징적인 표현입니다. 하나님이 선택하신 백성들을 구원하실 때, 그들의 죄를 씻으시는데 세례가 이를 상징적으로 보여줍니다. 이스라엘 백성이 출애굽할 때, 이전 애굽에서 살던 인생을 끝내고 새로이 하나님의 언약 백성으로의 여정을 출발할 때 백성 전체가 홍해의 물 가운데를 지나감은 이를 잘 보여주고 있습니다. 한 가지 오해하지 말아야 할 것은 세례라는 의식 자체에 어떤 의미가 있는 것이 아닙니다. 다만, 이미 그리스도에게 접붙여지고 은혜의 언약 안에 들어간 사람들에게 세례를 베풀어서 그들이 하나님의 언약 백성임을 보여주고 확증해 주는 것입니다. 세례는 우리가 자신의 백성이라고 도장 찍어 주시는 하나님의 은혜입니다.

1. 세례는 누구의 이름으로 받아야 하는지 마태복음 28:19을 읽어 보고 이야기해 봅시다.

   세례는 삼위일체 하나님의 이름, 즉, 성부와 성자와 성령의 이름으로 받게 된다. 이는 곧, 세례의 효력이 세례를 베푸는 인간의 손에 어떤 능력이 있어 거기서 나오는 것이 아니라 삼위일체 하나님의 이름으로부터 나온다는 사실을 알려 준다.

2. 요한복음 15:5, 로마서 11:17을 읽고 세례를 통해 하나님의 은혜로 우리와 그리스도가 어떤 관계에 들어가게 되는지 알아봅시다.

   이전에 죄의 종이었던 우리는 믿음의 고백과 세례를 통해 그리스도에 접붙여지게 된다. 한 가지를 다른 가지에 접붙이면 이전의 양분을 끊고 새로운 나무의 양분을 받아 열매를 맺게 되는 것처럼, 이전에 죄의 종노릇하던 죄의 나무, 죄의 열매에서 떨어져 나와 그리스도의 의의 양분을 받아 그에게 접붙여진 나무가 된다.

3. 세례를 받음으로 우리가 누리게 될 하나님의 은혜 언약의 혜택은 어떤 것들입니까?

   (1) 마태복음 28:19

   가시적인 교회(지상교회)의 회원이 된다.

   (2) 사도행전 2:38

   그리스도의 피로써 죄사함 받음이 확증된다.

(3) 갈라디아서 3:26, 27

그리스도와 함께 연합하여 하나님의 양자가 됨을 확증받는다.

(4) 디도서 3:5

그리스도의 영으로 말미암아 중생과 성화의 길에 있음을 확증받는다.

(5) 로마서 6:4, 5

영원한 생명으로 부활하게 될 것이라는 소망을 가지게 된다.

4. 로마서 6:4~11을 읽고 세례를 받은 자들은 어떻게 해야 하는지 이야기해 봅시다.

세례 받은 자들은 먼저 자신의 모든 능력과 기능과 지체들을 그리스도의 순종의 도구로 사용해야 한다. 또한 이전에 섬기던 세상 것들을 거부하고 주님의 의의 병기가 되어 죄와 싸워야 한다.

세례의 대상

• 소요리문답 95문은 세례 받을 사람들의 자격을 말하지 않고 세례 받지 못하는 사람들이 누구인지를 먼저 이야기합니다. 그것은 세례가 하나님 앞에서 너무나도 중요하고 소중한 의식이기 때문입니다. 그 의식에 참여하지 못하는 사람들을 먼저 언급함으로서 아무나 세례받지 못한다는 사실을 더욱 강조하는 것입니다. 아울러서 유아세례에 대해서 설명하고 있습니다. 이스라엘 민족이 태어난지 8일 만에 자신의 의지와는 상관없이 할례를 받고 언약 백성이 되었던 것처럼 새로운 언약 백성들의 자녀들도 하나님의 은혜의 대상임을 분명히 합니다. 구원은 우리의 의지와 노력에서 오는 것이 아니라 하나님의 은혜의 결과이기 때문입니다.

1. 세례를 받을 수 없는 사람은 누구입니까?

(1) 에베소서 2:12

교회에 출석한 연수가 오래 되었다 해서 명확한 자신의 신앙고백과 삶의 열매가 없는 자들에게 세례를 베풀어서는 안된다.

(2) 마가복음 16:15, 16

이교도들이나 이단에 속한 자들에게도 확실한 회심의 고백과 증거, 회개의 열매가 없는 상태에서 세례를 베풀어서도 안된다.

2. 창세기 17:7, 10을 읽어 보고 성경이 말하는 유아세례에 대해서 이야기해 봅시다.

믿는 자들의 유아들에게 세례를 베풀어야 할 근거는 그들이 하나님의 언약 안에 있는 언약 백성이기 때문이다. 창세기의 말씀처럼 하나님은 믿는 당사자들에게만 아니라 그 자손에게도 언약의 주인으로 언약을 지키시겠다고 약속하신다. 믿는 신자들의 자녀들은 우선 그 언약 안에 있다고 간주하는 것이 성경적이기에 유아들에게 세례를 베푸는 것이다. 물론 그것이 유아의 장래에 믿음을 얻게 될 것이라는 확증을 주는 것은 아니다. 그렇기에 그 부모들에게 말씀 안에서 자녀를 양육할 의무가 있다는 것을 또한 가르쳐야 한다. 하나님은 변함없이 신실하시기에 약속을 지키시는 분이시지만 인간은 죄인이기에 하나님의 은혜가 필요하다. 그리고 말씀 안에서의 양육이 하나님의 은혜의 도구가 된다.

정리해 봅시다

(세례)는 그리스도에 접붙여져 은혜를 누리게 된다는 상징입니다. (가시적인 교회)의 일원이 아닌 자들은 받을 수 없으나 가시적 교회 일원의 (유아)들은 받을 수 있습니다.

실천해 봅시다

마태복음 28:19을 읽고 세례 받을 자를 얻기 위해 전도하는 한 주가 됩시다. 다음 주에는 한 사람당 한 명씩 교회 다니지 않는 친구를 전도해 함께 옵시다.

끝마침 : 세례는 우리가 하나님의 백성이고 그리스도에게 접붙여졌음을 공적으로 증명하는 도장과 같은 것이다. 공적으로 만들어진 문서에 도장이 찍혔을 때 그 문서와 도장 모두 효력을 발휘하는 것처럼 믿음이 있는 자들에게 세례가 베풀어질 때 비로소 효력을 발휘하게 된다.

성찬이란 무엇인가?

핵심교훈 : 성찬은 그리스도께서 직접 제정하신 성례이며 합당하게 받는 자들에게 하나님이 은혜를 베푸신다.

제96문 주님의 성찬이란 무엇입니까?

답 주님의 성찬은 그리스도께서 정하신 대로 빵과 포도주를 주고 받음으로 그분의 죽으심을 나타내는 성례이며, 이를 합당하게 받는 자들은 육체나 정욕의 방식을 따르지 않고 믿음으로, 그분의 살과 피에 참여자가 되며 그분의 모든 유익과 함께 영적인 양식을 얻고 은혜 안에서 자라갑니다.

제97문 주님의 성찬에 합당하게 참여하기 위해 요구되는 것은 무엇입니까?

답 주님의 성찬에 합당하게 참여하기 위해, 주님의 몸을 분별하는 지식과 주님을 양식으로 삼는 믿음과 회개와 사랑과 새로운 순종함이 있는지 스스로를 살피며, 합당하지 않게 와서 자신의 심판을 먹고 마시는 일이 없도록 해야 합니다.

읽어 봅시다
고린도전서 11:23~29

성찬은 주님께서 직접 제정하신 예식입니다. 주님께서는 빵과 포도주로 자신의 살이 찢기고 피를 흘리실 것을 보여주시며 이는 우리의 죄사함을 위해서임을 알리셨습니다. 성찬에 참여하는 사람은 마땅히 자기를 살핀 후에 성찬에 합당한지 확인하고 합당하게 참여해야 합니다.

생각해 봅시다

• 세례 받은 사람은 성찬에 참여할 특권이 생깁니다. 가장 최근에 성찬에 참여한 것은 언제입니까? 성찬의 빵과 포도주를 먹고 마시며 무슨 생각을 했습니까?

성찬

• 성찬은 주님께서 우리에게 주시는 영적인 양식입니다. 그분은 자신의 살이 찢기고 피를 흘리심으로 우리의 죄를 대신하셨습니다. 그러므로 성찬식에서 빵을 찢고 포도주를 붓는 모습을 보면서 주님의 희생을 생각해야 하며, 그 희생을 통해 우리에게 베푸신 구원의 은혜에 감사해야 하며, 그에 참여해 희생의 삶을 살아야 함을 기억해야 합니다. 믿음으로 성찬에 참여합시다.

1. 성찬은 주님이 직접 제정하신 의식이라고 합니다. 누가복음 22:19~20을 읽고 이를 확인합시다.

   하나님의 은혜는 성찬의 신비한 방법으로 우리에게 전해지는데, 그 이유는 성찬이 삼위일체 하나님이신 예수 그리스도께서 직접 정하신 예식이기 때문에 그렇다. 즉 성자 하나님께서 직접 만드신 예식이기에 삼위 하나님의 능력이 성찬을 통해 우리에게 은혜로 나타나게 된다.

2. 요한복음 6:53~57을 잘 읽고 아래에 옮겨 써봅시다.

   성찬의 빵과 포도주를 통해서 우리는 예수 그리스도의 생명에 동참하게 된다. 믿음으로 성찬의 빵과 포도주를 받는 자들에게는 하나님의 은혜가 임해서 그에게 생명의 양식이 된다.

3. 고린도전서 10:16~17을 읽고 성찬에 참여하는 우리들은 서로 어떤 관계인지 생각해 보고 우리 공동체가 그런 공동체인지 이야기해 봅시다.

   성찬에 함께 참여하는 사람들은 그리스도의 살과 피로써 하나가 된, 한 생명을 함께 나누는 지체로서의 공동체이다. 왼손과 오른손이 다툴 수 없듯이, 성찬으로 하나된 우리는 서로를 사랑하고 서로를 위해 희생하는 한 몸의 지체임을 기억해야 한다. 그러므로 성찬에 참여하기 전에 형제와 다툰 일이 있거든 먼저 가서 화해하고 하나로 연합된 상태에서 성찬에 참여해야 한다.

• 예수님께서 떡을 주시며 이는 내 몸이라 말씀하시고 포도주를 주시며 이는 내 피라고 말씀하셨지만 이는 실제로 빵이 살로, 포도주가 피로 변한다는 뜻이 아닙니다. 주님께서는 성찬식하는 무리 위에 영적으로 임하시고 우리는 그분의 살과 피의 상징에 동참함으로 그분의 죽으심에 참여하는 것입니다.

   가톨릭에서는 성찬의 빵과 포도주가 '상징적이거나''영적'이지 않은 예수님의 살과 피로 변한다고 가르친다. 그러나 이는 예수님의 십자가의 죽음을 폄훼하며 매번의 미사 때마다 사제가 제사장이 되어서 예수님을 다시 제물로 바치는 잘못된 행태이며 가르침이다. 예수님은 십자가의 죽음을 통해 단번에 우리를 구원하셨고 그 죽음과 제사는 완전하고 완성된 것으로서 반복될 필요가 없는 것이다. 성찬은 예수님의 죽으심과 피 흘리심을 반복하는 것이(가톨릭의 주장) 아니라 기념하는 것이며, 예수님은 성찬의 빵과 포도주에 영적으로 임재하신다. 우리는 성찬에 참예하는 것으로 그분의 죽으심에 동참하게 되며 하나님의 은혜를 받게 된다.

성찬을 합당하게 받기 위해

- 성찬은 그리스도의 죽으심을 상징하며 그분의 찢긴 살과 흘린 피를 상징적으로 보여줍니다. 장례식장에서 웃고 떠들며 즐겁게 있을 수 없듯이 주님의 성찬에도 경건하고 조심스럽게 참여해야 합니다. 소요리문답은 주님의 몸을 깨닫는, 즉 주님을 아는 지식과 함께 회개와 사랑과 새로운 순종에 합당한지 스스로를 살핀 후에야 성찬에 참여해야 한다고 가르칩니다. 이에 합당하지 않게 와서 먹고 마신다면 그것은 자신의 심판을 먹고 마시는 것이라고 합니다.

1. 성찬을 위해 어떤 점에서 자신을 살펴야 할까요? 다음 구절들을 통해 알아봅시다.

　(1) 고린도전서 11:29
　　먼저 성찬의 빵과 포도주가 어떤 의미를 가지는지 알아야 한다. 예수님의 죽으심과 부활에 대해서, 성찬을 통해서 이를 기념하는 것이 어떤 의미인지, 성찬에 대한 전반적인 지식이 있어야 한다.

　(2) 고린도후서 13:5
　　그리스도에 대한 믿음이 필요하다. 성찬과 그리스도에 대한 논리적 이해로 그쳐서는 안되며 그리스도를 믿고 그분을 붙잡으며, 그분을 섬기는 자들이 참예하는 것이다.

　(3) 고린도전서 11:31
　　회개와 돌이킴이 필요하다. 구원받은 자임에도 불구하고 계속적이고 반복적으로 죄를 짓는 나약한 인간임을 인정하며, 여전히 하나님의 용서가 필요함을 인정하고, 회개하며 하나님의 죄 사함을 구하는 자들만이 성찬에 참여해서 하나님의 은혜를 받을 수 있다.

　(4) 고린도전서 5:8
　　순전하며 진실함으로 받고 복음에 참여하는 자가 되어야 한다. 다른 복음, 다른 불(레위기 10:1, 2)을 거부하고 참되고 순수하며 진실한 복음으로 성찬에 참여해야 한다.

2. 성만찬에 참여할 수 있는 자격에 대해 설명하는 하이델베르크 요리문답 81, 82문을 읽어 보고 나에게는 성만찬에 참여할 자격이 있는지 생각해 봅시다.

소요리의 가르침이 그랬듯이 구원받았음에도 신자들은 여전히 죄의 영향 아래 있고 회개와 돌이킴이 필요한 자들이다. 자신의 죄에 대한 민감함과 철저한 회개가 선행되어야 한다. 그런 자에게만 하나님이 성찬을 통해서 은혜를 주신다. 거듭 반복하지만, 자신의 죄를 깨닫는 것도, 회개할 수 있는 것도 역시 여전히 하나님의 은혜임을 기억하자.

81문 성만찬에는 누가 참여할 수 있습니까?

답 자신의 죄를 인식하고 자신을 불만스럽게 여기고, 그럼에도 불구하고 자신의 죄가 용서되었으며 남아 있는 연약함도 그리스도의 고난과 죽음에 의해 가려진다는 것을 믿고, 자신의 신앙이 더욱 성장해서 거룩한 삶을 살기를 소원하는 모든 사람이 참여해야 합니다. 그러나 위선자들이나 회개하지 않은 사람은 자신들의 심판을 먹고 마시는 것이 됩니다.

82문 말과 행위로 불신앙과 불경건을 드러내는 사람들을 성만찬에 참여하게 해도 됩니까?

답 안 됩니다. 그것은 하나님의 언약을 무시하는 일이며 전 회중에게 하나님의 진노를 초래하는 일입니다. 그러므로 그리스도와 사도들의 교훈을 따라서 그리스도의 교회는 천국의 열쇠를 공적으로 사용하여 그들의 삶이 변화할 때까지는 그들을 배제시켜야 할 의무가 있습니다.

정리해 봅시다

(성찬)은 그리스도께서 직접 제정하신 성례로서 그리스도의 (살)이 찢기고 (피)가 부어졌음을 상징적으로 보여주는 예식입니다. 우리는 자신을 (살피고) 그 후에야 합당하게 참여해야 합니다.

실천해 봅시다

주의 성찬에 참여함은 그리스도의 고난에 참여하는 것입니다. 나를 위하여 살이 찢기고 피를 흘리신 주님의 은혜를 생각하며 감사함으로 경건한 한 주를 보냅시다.

끝마침 : 성찬은 그리스도의 희생을 기념하는 예식으로 예수님께서 직접 재정하신 성례이다. 하나님은 믿음과 회개와 연합으로 받는 성찬을 통해 은혜를 내리신다.

그리스도의 방법, 기도

핵심교훈 : 기도는 우리의 욕망에 따라 우리의 필요를 구하는 것이 아니라 하나님의 뜻이 이루어지기를 구하는 것이다. 기도의 모범은 주기도문이다.

제98문 기도란 무엇입니까?

답 기도란 그리스도의 이름으로 우리의 소원을 하나님께 드리는 것인데, 곧 그분의 뜻에 합한 것을 구하고, 우리의 죄를 고백하며, 그분의 은혜를 감사함으로 깨닫는 것입니다.

제99문 기도의 지침으로 하나님께서 우리에게 주신 규범은 무엇입니까?

답 하나님의 모든 말씀이 기도의 지침으로 유익하지만, 특별히 주신 규범은 그리스도께서 제자들에게 가르치신 기도의 형식으로, 보통 주기도문이라 부르는 것입니다.

읽어 봅시다
창세기 32:21~30
아내와 자식들과 많은 재물을 가지고 가나안으로 돌아오던 야곱은 형 에서가 두려워 여러 가지 수를 써두고 자신은 압복강에서 홀로 남았다가 하나님을 만납니다. 그는 치열하게 하나님께 자신의 원하는 것을 구했으나 하나님은 도리어 그의 환도뼈를 치시고 그를 굴복시키십니다. 이 만남과 기도 이후 속는 자였던 야곱은 신과 겨룬다는 의미의 이스라엘이라는 이름을 받습니다. 그 겨룸은 기도였습니다.

생각해 봅시다

- 기도 응답을 받은 경험이 있습니까? 있다면 함께 나누어 봅시다. 혹시 자신의 기도를 하나님이 들어주지 않으셨다면 무슨 이유였을지도 생각해 봅시다.

기도

- 그리스도의 이름으로 기도한다는 말에는 커다란 의미가 담겨 있습니다. 그것은 '예수님의 이름으로 기도합니다'라는 문장을 습관적으로 기도 말미에 붙이라는 것이 아니라 예수님의 이름으로, 예수님의 뜻대로, 예수님의 원하시는 바를 구하라는 뜻입니다. 우리가 원하는 것을 쭉 나열하고 예수님의 이름으로 기도한다는 말을 덧붙인다고 해서 그것이 기도라고 생각해서는 안됩니다. 우리는 예수님의 뜻을 구해야합니다.

1. 우리가 드리는 기도는 하나님께 무엇인가를 구하는 것입니다. 무엇을 얻기 위해서 기도해야 하는지 다음 구절들을 통해서 알아봅시다.

   (1) 부정적으로 : 야고보서 4:3

   우리의 욕망을 위하여 드리는 기도는 응답 받을 수 없다. 인간은 누구나 죄인이고 구원받은 자들도 여전히 죄의 영향 아래 있는 존재이다. 그리고 그런 인간에게서 나오는 모든 욕망은 죄악된 것이다. 우리는 이를 인정하고 우리의 정욕을 위해 구하는 것이 무엇인지 분별해야 한다.

   (2) 긍정적으로 : 요한일서 5:14, 15

   위의 답변과 반대로 우리의 정욕이 아닌 하나님의 뜻을 구하는 기도를 드려야 한다. 기도의 내용 자체가 하나님의 뜻을 알게 해달라는 내용이 되어야 하고, 이를 위해서 기도의 전제 역시 성경 말씀의 연구가 되어야 한다. 성경을 통해 하나님의 뜻을 분별하고 이를 내 인생과 역사에 이루어 주시라는 기도가 되어야 한다.

2. 하나님께서는 어떤 사람들의 기도에는 전혀 응답하시지 않으십니다. 어떤 사람의 기도에 침묵하시는지 다음 성경구절을 통해 알아보고 우리는 어떤 사람인지 생각해 봅시다.

   (1) 잠언 15:8

   악인은 그럴듯하게 꾸며서 기도해도 하나님은 그들의 기도를 들으시지 않으신다.

   (2) 시편 66:18

   구원받은 신자들의 기도라 하더라도 그 마음에 죄악을 품고 하는 기도는 하나님께서 들으시지 않으신다. 우리는 기도에 있어서도 우리 자신을 돌아보고 회개를 우선으로 해야 한다.

3. 다음 성경의 구절들을 통해서 기도할 때 우리가 어떤 마음과 자세로 기도해야 하는 지 서로 이야기해 봅시다.

    (1) 히브리서 10:22

        성실함으로 기도해야 한다.

    (2) 시편 10:17

        겸손함으로 기도해야 한다.

    (3) 야고보서 1:6

        믿음을 구하고 믿음으로 기도해야 한다.

    (4) 야고보서 5:16

        간절히 기도해야 한다.

    (5) 누가복음 18:1

        당장 응답되지 않아 보이더라도 인내를 가지고 기도해야 한다.

    (6) 미가서 7:7

        하나님의 뜻대로 구했다면 응답하시리라는 믿음을 가지고 기다려야 한다.

주님께서 가르치신 기도

• 성경의 말씀들은 우리에게 기도를 가르치기에 유익합니다. 그러나 특별히 우리 주 예수 그리스도께서는 우리에게 기도를 가르쳐 주시기 위해 특별한 모범을 보이셨 습니다. 우리는 이를 주기도문이라고 부릅니다. 우리가 드리는 모든 기도의 내용이 주기도문을 본받아야 합니다.

1. 다음 구절들을 읽고 성경이 우리에게 기도에 대해 무엇을 가르치는지 이야기해 봅 시다.

    (1) 잠언 28:9

        가장 먼저 무엇보다 하나님의 율법, 곧 말씀에 귀를 기울여야 한다.

    (2) 요한복음 15:7

하나님은 그리스도 안에 거하는 진정한 신자, 택자들의 기도만을 들어주신다. 교회에 오래 다녔다고, 믿음의 가정에서 태어났다고 해서 그들의 기도를 들으시는 것이 아니다.

(3) 요한일서 5:14

위 두 구절과 일맥상통하게 하나님의 뜻대로 무엇이든 구하면 이루시리라는 믿음으로 기도해야 한다.

2. 마태복음 6:9~13에 주기도문이 등장합니다. 잘 읽어 보고 주기도문을 서론, 본론, 결론으로 구분해서 써봅시다.

(1) 서론 :

하늘에 계신 우리 아버지여

(2) 본론 :

이름이 거룩히 받으시오며 나라가 임하옵시며 뜻이 하늘에서 이루어진 것같이 땅에서도 이루어지이다. 오늘 우리에게 일용한 양식을 주시옵고 우리가 우리에게 죄 지은 자를 사하여 준 것같이 우리 죄를 사하여 주옵시고 시험에 들지 않게 하옵시고 다만 악에서 구하옵소서.

(3) 결론 :

대게 나라와 권세와 영광이 아버지께 영원히 있사옵나이다. 아멘

정리해 봅시다

(기도)할 때 우리는 우리의 뜻이 아니라 (하나님)의 뜻을 구해야 합니다. 기도를 가르치기 위해서 예수님이 가르치신 기도의 표준은 (주기도문)입니다.

실천해 봅시다

주기도문을 주문처럼 외우는 것은 옳지 않습니다. 그 의미를 새기면서 한 자 한 자 정성스럽게 기도해야 합니다. 일주일 간 아침, 저녁으로 주기도문의 기도를 하나님께 드리면서 그 의미를 생각해 봅시다.

끝마침 : 기도는 주기도문의 내용을 넘어서지 않아야 한다. 다음 주부터 배울 주기도문 내용을 잘 이해하고 우리의 기도를 바꾸도록 하자.

45과

주기도문 1

제100문 주기도문의 서론이 우리에게 가르치는 것은 무엇입니까?

답 주기도문의 서문, '하늘에 계신 우리 아버지여'는 우리에게 마치 자녀들이 아버지께 가까이 가듯 모든 거룩한 공경심과 신뢰를 가지고, 우리를 도울 수 있고 돕기 위해 준비하신 하나님께 가까이 갈 것을, 그리고 다른 사람들과 함께, 그들을 위해서 기도할 것을 가르칩니다.

제101문 첫 번째 간구로 우리가 기도해야 할 것은 무엇입니까?

답 '이름이 거룩히 여김을 받으시오며'라는 첫 번째 간구를 통해서 우리는, 하나님께서 자신을 알리시는 모든 일에서 우리와 다른 사람들로 하여금 그분께 영광 돌릴 수 있게 하시며, 또 그분께서 모든 것들을 자신의 영광을 위해서 처리해 주실 것을 기도합니다.

읽어 봅시다
마태복음 6:9~13

그러므로 너희는 이렇게 기도하라
하늘에 계신 우리 아버지여 이름이 거룩히 여김을 받으시오며
나라가 임하시오며 뜻이 하늘에서 이루어진 것 같이 땅에서도 이루어지이다
오늘 우리에게 일용할 양식을 주시옵고
우리가 우리에게 죄 지은 자를 사하여 준 것 같이 우리 죄를 사하여 주시옵고
우리를 시험에 들게 하지 마시옵고 다만 악에서 구하시옵소서
나라와 권세와 영광이 아버지께 영원히 있사옵나이다 아멘

생각해 봅시다

- 한 주간 주기도문의 내용을 꼼꼼히 생각하며 기도했나요? 우선 첫 번째 부분에서 무엇을 구하라고 가르치시는지 서로 이야기해 봅시다.

주기도문의 서론, 하늘에 계신 우리 아버지여

- 주기도문은 '하늘에 계신 우리 아버지여'라는 고백으로 시작합니다. 이 고백은 하나님이 하늘에 계시며, 영광을 받으실 분이시며, 세상을 만드신 분이시며, 우리의 아버지가 되시며, 우리를 위해 좋은 것을 주시는 분이라는 고백입니다. 우리는 그분이 세상의 창조주이시며 우리의 아버지시기 때문에 그분께 기도할 수 있고, 그분의 뜻대로 구한다면 구한 것을 얻을 수 있다는 확신을 가집니다.

1. 전도서 5:2을 읽어 봅시다. 하나님에 대해 우리가 먼저 알아야 할 것은 무엇인지 서로 이야기해 보고, 그렇기 때문에 우리가 하나님 앞에서 먼저 취해야 할 태도에 대해서도 이야기해 봅시다. 그리고 우리는 그런 태도를 취하고 있는지 우리의 자세를 점검해 봅시다.

   하나님이 하늘에 계시다는 표현은 그분이 모든 세상을 다스리시는 분이라는 고백이다. 전도서의 말씀처럼 그분은 만유를 다스리시는 만유의 주님이시고 우리는 낮고 천한 피조물이다. 기도에 앞서 우리는 먼저 그분 앞에 겸손히 엎드려야 한다. 그분이 우리의 주인이시고 다스리신다는 사실을 깨닫는 데서부터 참된 기도가 시작된다.

2. 다음 구절들을 통해서 하늘에 계신 하나님이 우리 아버지 되심의 의미를 생각하고 서로 이야기해 봅시다.

   (1) 마태복음 7:11

   아버지가 자녀에게 좋은 것을 주듯이 하나님도 우리의 아버지가 되셔서 우리에게 좋은 것을 주시려 한다는 사실이다. 우리에게 진정으로 좋은 것은 우리보다 하나님이 더 잘 아신다.

   (2) 에베소서 6:18

   하나님은 또한 나의 아버지만이 아니라 '우리' 아버지이시다. '우리 아버지', '우리 집', '우리 학교' 등의 개념이 없는 서양에서도 하나님은 '우리' 아버지라고 부르며 공교회성을 드러낸다. 그러므로 우리는 우리와 함께 기도하는 우리 형제들을 위해서도 기도해야 한다.

3. 우리는 타인과 함께 기도해야 할 뿐만 아니라 타인을 위해서도 기도해야 합니다. 구체적으로 누구를 위해 기도해야 할지 다음 구절들을 통해서 간단히 알아봅시다.

(1) 사도행전 12:5

옥에 갇히고 억압받는 자들을 위해서 기도해야 한다.

(2) 에베소서 6:18

믿음을 같이 나누는 모든 공교회의 형제들을 위해서 기도해야 한다.

(3) 디모데전서 2:1, 2

특별히 권세자들을 위해서, 그들이 하나님을 두려워하며 하나님의 뜻대로 통치하도록 기도해야 한다.

이름이 거룩히 여김을 받으시오며

- 우리는 이미 하나님의 성품과 능력, 그분의 하신 일들에 대해서 배웠습니다. 하나님의 이름은 그 모든 의미들을 담고 있는 이름입니다. 우리는 그분의 이름에 영광을 돌려야 합니다. 이는 그분의 성품, 능력, 하신 일, 이 모든 것에 영광을 돌려야 합니다. 소요리문답은 하나님이 우리에게 자신을 알리신 만큼 그분께 영광 돌릴 수 있고, 하나님 자신이 스스로 자신의 영광을 위하여 모든 일을 하신다고 가르칩니다. 우리는 하나님이 우리에게 알리시고, 하신 일만큼 그분의 뒤를 따르면 됩니다. 어렵지 않습니다.

1. 성경의 다음 구절들을 통해 하나님이 자신의 영광을 위해 하신 일들에 대해서 이야기해 봅시다.

(1) 시편 67:1~3

그분은 우리를 구원하신 분이며, 복 주시고 찬송 받으시기에 합당하신 분이시다.

(2) 시편 100:3, 4

그분은 우리를 지으셨을 뿐만 아니라 우리를 먹이시고 기르시는 분이시다.

(3) 데살로니가후서 3:1

영광스런 주의 말씀을 전하시며 부당하고 악한 사람에게서 건지시는 분이시다.

2. '이름이 거룩히 여김을 받으시오며'라고 기도하며 우리는 다음과 같은 기도를 함께 해야 합니다. 성경의 내용을 읽고 우리의 말로 고쳐 써봅시다.

(1) 시편 83:16, 18

　　하나님을 모르는 자들이 스스로 창조주를 잊고 거부한 수치를 알게 하시고 주님의 이름을 찾
　　게 하시고 여호와가 온 세계의 주인이심을 알게 하옵소서.

(2) 로마서 11:36

　　모든 만물이 하나님의 것이며, 하나님으로 인해 이 세상에 존재하고 언제가는 하나님께로 돌
　　아가니 하나님의 영광만이 영원합니다.

정리해 봅시다

주기도문의 첫 두 가지 기도는 (하나님을 하늘에 계신 우리의 아버지라고 고백하는 것)
과 (그 이름이 거룩히 여김을 받기 원한다)입니다. 이는 하나님이 (창조주)이시며 (아버
지)가 되시고, 그분의 (영광)을 위해 스스로 일하신다는 의미입니다.

실천해 봅시다

지난번에 공부했던 내용들을 다시 찾아서 하나님의 성품과 하신 일을 찾아서 적어 옵
시다.

끝마침 : 주기도문의 시작이 '우리' 아버지임을 주목하자. 그분은 우리 공동체가 하나
　　　　님의 아들로서 서로를 위해서도 기도하기를 원하신다. 그분은 또한 스스로
　　　　의 영광을 위해 일하시는 분이시다. 그분의 사역에 동참하자!

주기도문 2

핵심교훈 : 두 번째와 세 번째 간구는 하나님의 나라가 이 땅이 임하시기를, 하나님의 뜻이 이 땅에서도 이루어지기를 간구한다.

제102문 두 번째 간구로 우리가 기도해야 할 것은 무엇입니까?

답 '나라가 임하시오며'라는 두 번째 간구를 통해서 우리는, 사탄의 나라가 멸망하며, 은혜의 나라가 임하여 우리와 다른 사람들이 그곳에 들어가 거하며, 영광의 나라가 속히 임하기를 기도합니다.

제103문 세 번째 간구로 우리가 기도해야 할 것은 무엇입니까?

답 '뜻이 하늘에서 이루어진 것 같이 땅에서도 이루어지이다'라는 세 번째 간구를 통해서 우리는, 하나님께서 자신의 은혜로, 우리로 능히 그리고 기쁘게, 하늘에서 천사들이 그러듯이 모든 일에 있어서 우리가 능히 그리고 기꺼이 그분의 뜻을 알고, 순종하고, 따르게 하실 것을 기도합니다.

읽어 봅시다
마태복음 6:9~13
> 그러므로 너희는 이렇게 기도하라
> 하늘에 계신 우리 아버지여 이름이 거룩히 여김을 받으시오며
> 나라가 임하시오며 뜻이 하늘에서 이루어진 것 같이 땅에서도 이루어지이다
> 오늘 우리에게 일용할 양식을 주시옵고
> 우리가 우리에게 죄 지은 자를 사하여 준 것 같이 우리 죄를 사하여 주시옵고
> 우리를 시험에 들게 하지 마시옵고 다만 악에서 구하시옵소서
> 나라와 권세와 영광이 아버지께 영원히 있사옵나이다 아멘

생각해 봅시다

• '나라가 임하시오며', '뜻이 하늘에서 이루어진 것 같이 땅에서도 이루어지'시라는 기도는 어떤 의미가 있으며, 우리가 이를 위해 할 수 있는 일은 무엇일지 생각해 봅시다.

나라가 임하시오며

• 우리는 하나님나라가 임하실 것을 기도해야 합니다. '하나님나라'라는 주제는 대단히 방대하고, 알고 따라야 할 것이 많습니다. 소요리문답에서는 그중 가장 중요한 부분을 가르칩니다. 즉, 하나님나라가 임하여 죄로 가득한 이 땅을 지배하는 사탄의 나라가 멸망하기를, 우리가 하나님나라에 들어가서 거기 거하기를, 예수님의 재림으로 영광의 나라가 속히 임하기를 기도해야 합니다.

1. 다음 구절들을 통해 하나님나라의 특징은 무엇이며 우리는 그 나라 백성으로 어떻게 해야 할지 알아보고 서로 이야기해 봅시다.

   (1) 요한일서 3:8
       사단의 왕국과 모든 원수들이 멸망하고 우리와 우리 공동체를 다스리는 죄의 세력들이 정복되기를 기도해야 한다.

   (2) 사도행전 26:17, 18
       믿지 않는 자들이 눈을 떠서 빛을 보게 하고 하나님나라로 돌아오기를 기도해야 한다.

   (3) 베드로전서 5:10
       하나님나라 안에 이미 들어온 우리들이 고난을 받더라도 강하고 견고하며 온전케 되어 은혜 안에 계속 거하기를 기도해야 한다.

2. 하나님나라는 눈에 보이지 않지만 이미 이 땅에 이루어졌습니다. 우리는 그 나라의 백성으로 살아야 합니다. 어떻게 해야 할지를 가르치는 다음 성경구절들을 찾아서 정리하고 그 나라 백성으로 살아가기 위해 노력합시다.

   (1) 시편 119:5
       내 마음을 굳게 정하고 의지를 가지고 하나님의 율례를 지키도록 해야 한다.

   (2) 요한복음 17:20
       많은 사람들이 우리와 함께 예수님을 믿는 믿음 안으로 들어올 수 있도록 우리가 배운 예수님의 말씀을 전해야 한다.

(3) 데살로니가후서 3:1~5

악을 피하고 하나님의 명령을 인내로 지키며 순종해야 한다.

뜻이 하늘에서 이루어진 것 같이 땅에서도 이루어지이다

- 주기도문의 세 번째 간구는 하나님의 뜻이 하늘에서 이루어진 것 같이 땅에서도 이루어질 것을 기도하는 것입니다. 소요리문답은 하나님의 뜻이 이 땅에 이루어질 수 있는 방법을 제시합니다. 그것은 우리가 하나님의 뜻을 알고 순종하며 따르는 것입니다. 그런데 그것은 억지로 그렇게 하는 것이 아니라 기쁘게 스스로 해야 합니다. 하나님께서는 우리에게 그렇게 하실 능력을 주십니다. 그분의 은혜로 우리는 하나님의 뜻을 알고 기쁘게 순종하고 따를 수 있습니다. 모든 것은 하나님의 은혜입니다.

1. 욥은 극심한 고난 가운데서도 하나님의 은혜와 주되심을 고백했습니다. 욥기 12:1을 읽어 보고 우리도 동일한 고백을 하고 있는지 자신의 상태를 점검해 봅시다.

2. 성경이 우리에게 가르치는 하나님의 뜻이 무엇인지 다음 구절들을 통해 가장 중요한 두 가지를 알아봅시다. 그리고 우리는 기꺼이 그 뜻에 따르고 있는지 확인하고 결단하는 시간을 가집시다.

(1) 시편 119:1~8

소요리문답을 통해 살펴본 십계명을 포함한 하나님의 명령과 규례를 지켜 행하는 것이다. 세상이 요구하는 것과 배치되더라도 그 명령을 날마다 지켜 행하는 것이 하나님의 첫 번째 뜻이다.

(2) 베드로전서 3:17

하나님의 명령은 한마디로 선을 행하는 것이라 할 수 있다. 이 세상에서 선을 행하다 고난을 받는 경우가 많이 있다. 그러나 그러한 고난을 두려워하지 말고 선을 행하기 위해서 최선을 다해야 한다.

3. 하나님의 뜻을 구하기 위해 우리가 함께 기도해야 할 내용을 다음 성경의 구절들을 통해 알아봅시다.

(1) 골로새서 1:9

하나님의 뜻을 구하기 위해서는 먼저 하나님이 누구신지를 알아야 한다. 소요리문답도 첫 부분이 하나님이 누구신지를 가르치는 것으로 시작했었다. 우리는 이 문답에서 가르치는 내용만 아는 것이 아니라 그보다도 더 하나님을 알기 위해서 성경을 연구하고 기도해야 한다.

(2) 에스겔 36:27

우리는 죄악된 자연인의 상태로는 하나님의 말씀을 지킬 수 없고 오직 하나님이 창조하신 새로운 피조물이 되어야, 새로운 영이 우리 안에 있어야 지킬 수 있다. 날마다 하나님이 우리의 영을 새롭게 하시기를, 우리가 죄를 깨달아 알고 의의 길을 갈 수 있기를 기도하자.

정리해 봅시다

주기도문의 두 번째 간구는 하나님의 (**나라**)가 이 땅에 이루어지기를 구하는 것이며 이는 우리의 (**기도**)를 통해서 이루어질 수 있습니다. 세 번째 간구는 하나님의 (**뜻**)이 이 땅에 이루어지기를 기도하는 것인데, (**말씀에의 순종**)과 (**선을 행하는 것**)이 가장 중요한 하나님의 뜻입니다.

실천해 봅시다

두 번째, 세 번째 간구의 핵심은 우리의 순종에 있다고도 말할 수 있습니다. 일주일 간 읽은 말씀에 얼마나 순종하는지 점검하고 기쁜 마음으로 하나님의 말씀에 순종하게 해달라고 기도하는 한 주를 보냅시다.

끝마침 : 주기도문은 또한 하나님의 나라가 임하시고, 그 뜻이 이 땅에서도 이루어지기를 위해서 기도하는데 이는 우리의 순종을 통해 이뤄질 수 있다.

주기도문 3

핵심교훈 : 주기도문의 네 번째는 일용할 양식을 달라는 간구이며 다섯 번째는 용서에
관한 간구이다.

제104문 네 번째 간구로 우리가 기도해야 할 것은 무엇입니까?

답 '오늘 우리에게 일용할 양식을 주시옵고'라는 네 번째 간구를 통해서 우리는,
이 세상의 좋은 것들 가운데서 충분한 분량을 하나님이 거저 주시는 선물로
우리에게 받게 해주시며 또한 이와 함께 주시는 하나님의 복을 우리가 누릴
수 있기를 기도합니다.

제105문 다섯 번째 간구로 우리가 기도해야 할 것은 무엇입니까?

답 '우리가 우리에게 죄 지은 사하여 준 것 같이 우리 죄를 사하여 주옵시고'라는
다섯 번째 간구를 통해 우리는, 하나님께서 그리스도를 이유로 우리의 모든
죄를 값없이 용서해 주시기를 기도합니다. 그 은혜로 인해 우리가 다른 사람
들을 진심으로 용서할 수 있기에 더욱 담대히 구합니다.

읽어 봅시다
마태복음 6:9~13

그러므로 너희는 이렇게 기도하라
하늘에 계신 우리 아버지여 이름이 거룩히 여김을 받으시오며
나라가 임하시오며 뜻이 하늘에서 이루어진 것 같이 땅에서도 이루어지이다
오늘 우리에게 일용할 양식을 주시옵고
우리가 우리에게 죄 지은 자를 사하여 준 것 같이 우리 죄를 사하여 주시옵고
우리를 시험에 들게 하지 마시옵고 다만 악에서 구하시옵소서
나라와 권세와 영광이 아버지께 영원히 있사옵나이다 아멘

생각해 봅시다

- 용서를 좋아하나요, 아니면 미워하기를 더 좋아하나요? 실제로 용서를 잘 합니까, 아니면 미워하기를 더 잘 합니까? 서로 이야기해 봅시다.

오늘 우리에게 일용할 양식을 주시옵고

- 주기도문 후반부는 관심이 우리에게로 돌려지며, 우리의 것을 구하게 됩니다. 그 첫 번째는 일용할 양식을 주시라는 기도입니다. 우리는 하나님께 좋은 것을 주시기를 기도해야 합니다. 그런데 그것은 넘치도록 많은 것이 아니라 일용할 양식입니다. 하루하루의 양식이 있고, 살아갈 자원이 있으면 만족할 줄 알고 그것으로 하나님을 찬양할 수 있어야 합니다.

1. 잠언 30:8, 9을 찾아서 읽고 외우고, 우리 인생의 기도가 될 수 있게 합시다.

   우리의 기도는 가난하거나 부요하지 않고 일용할 양식에 족하며 하나님을 인정하고 높이는 기도가 되어야 한다.

2. 우리가 하나님께 일용할 양식을 구해야 함을 가르치는 성경구절을 찾아보고 가난하거나 부요하거나 상관없이 그분께 구해야 하는 이유를 서로 이야기해 봅시다.

   (1) 시편 34:10

   모든 것에 부족함이 없다는 고백은 모든 것을 풍족하게 가지고 있기 때문에 하는 고백이 아닌, 하나님이 나에게 주신 것이라면 그것으로 족하다는 믿음의 고백이다. 하나님은 우리에게 필요한 것이 무엇이고 얼마만큼 필요한지 우리 자신보다 더욱, 완전히 아신다.

   (2) 출애굽기 23:25

   또한 우리가 하나님을 섬긴다면 하나님은 우리의 인생을 책임지신다. 이 말씀은 먹고 마시고 입을 것을 하나님께 맡기고 오직 하나님의 나라와 의를 구하라는 예수님의 가르침과 일맥상통하다. 우리 인생의 목적은 먹고 마시고 즐기는 것이 되어서는 안되고 하나님의 나라와 의가 우리의 인생을 통해 드러나는 것이 되어야 한다.

3. 우리의 상황과 먹고 입고 쓰는 것에 만족하고 감사할 줄 알아야 함을 가르치는 빌립보서 4:11~13을 찾아서 읽고 아래에 써봅시다.

   이 구절에서 바울은 가난과 부유가 자신을 어떻게 할 수 없음을, 어느 때나 항상 같은 마음을 가지고 있음을 고백하는 구절이다. 우리는 가난할 때는 하나님을 원망하고, 부요할 때는 하나님을 잊을 때가 종종 있다. 바울은 가난하거나 부요하거나 하나님의 말씀을 전하는 전도자로서의 삶에는 변화도 영향도 없다고 했다. 우리도 마찬가지로 우리의 상태나 환경이 우리를 어찌할 수 없도록 우리 마음을 다스려야 한다. 내게 능력 주시는 자 안에서 내가 모든 것을 할 수 있다는 고백은 주님이 능력을 주시기에 가난이든 부요든 상관이 없다는 의미이다.

우리가 우리에게 죄 지은 자를 사하여 준 것 같이 우리 죄를 사하여 주시옵고

• 우리가 간구해야 할 다섯 번째 간구는 죄사함에 관한 것입니다. 우리는 날마다 하나님께 우리의 죄를 사해 주실 것을 기도해야 합니다. 하나님은 은혜로 값없이 우리를 용서해 주십니다. 그런데 거기에는 전제가 있습니다. 우리는 우리에게 죄 지은 자들을 먼저 용서해 줘야 합니다. 하나님께 내 죄 용서를 구하기 전에 먼저 우리에게 죄 지은 자들을 용서합시다.

1. 다음 성경의 구절들을 찾아서 읽어 보고 우리에게 주시는 하나님의 용서가 무엇을 근거하고 있는지 이야기해 봅시다.

   이 모든 구절들을 한마디로 이야기하자면 하나님이 우리를 용서하시는 것은 용서를 구하는 우리의 행위에 근거하는 것이 아닌, 오직 하나님의 은혜와 약속에 근거한다는 것이다.

   (1) 시편 51:1

      우리를 용서하시는 은혜는 하나님의 인자하심에 근거하고 있다. 우리는 모두 죄인이나 하나님은 용서를 구하는 우리의 행위가 아닌 하나님의 인자하심을 근거로 우리를 용서하신다.

   (2) 다니엘 9:19

      또한 하나님의 용서는 용서를 베푸시겠다는 하나님의 약속을 근거로 한다. 우리는 모든 기도와 간구를 드릴 때 하나님의 약속을 근거로 구해야만 한다.

   (3) 요한일서 1:7, 하단

      마지막으로 우리를 용서하시는 하나님의 용서는 우리 안의 어떤 것에 의거하지 않고 오직 예수 그리스도의 보혈을 근거로 내려진다.

2. 다음 구절들을 통해서 남을 용서하는 것이 어떠해야 하는지 알아봅시다.

   (1) 마태복음 6:14, 15

      우리가 남을 용서하는 것은 하나님이 우리를 용서하시듯이 아무런 조건과 대가 없이 그저 은혜로 용서할 수 있어야 한다.

   (2) 마태복음 18:21~35

      그리고 그 용서는 한이 없는 것이 되어야 한다. 하나님은 하나님 앞에 무한대의 죄를 지은 무한대의 죄인인 우리를 아무 조건 없이 끝없이 용서하신다. 우리도 우리에게 죄 지은 자들을 조건 없이 끝없이 용서할 수 있어야 한다.

(3) 에베소서 4:32
우리의 용서는 긍휼을 전제로 해야 한다. 우리는 서로 불쌍히 여기며 긍휼을 베풀어야 한다.

3. 특별히 마태복음 6:14에서는 남을 용서하는 자들이 하나님의 용서를 받을 수 있는 이유를 설명해 주고 있습니다. 그 이유가 무엇인지 생각해 봅시다.
위에서 이미 충분히 설명이 되었다. 학생들이 뭐라고 대답하는지 들어보자.

정리해 봅시다

주기도문은 우리가 일용할 (양식을)을 구할 것을 가르칩니다. 또한 하나님으로부터 (용서)받기 위해 먼저 남을 (용서)해야 할 것을 가르칩니다.

실천해 봅시다

1. 지금 가진 것에 만족합니까? 혹시 가진 것이 많다면 남을 위해 어떻게 나눌 수 있을지 생각해 보고 실천합시다. 혹시 가진 것이 적다면 하나님께 일용할 양식을 달라고 기도하는 한 주가 됩시다.

2. 마음으로 미워하는 사람이 있다면 용기를 내서 먼저 찾아가 용서를 구하고 미워하는 마음을 씻어냅시다.

끝마침 : 우리는 욕심을 버리고 일용할 양식을 주심에 만족하며 감사해야 한다. 또한 하나님이 우리를 은혜로 용서하셨듯이 우리 또한 남들을 아무 대가 없이 용서할 수 있어야 한다.

48과

주기도문 4

핵심교훈 : 소요리문답의 마지막은 시작과 일맥상통한다. 하나님의 영광으로 소요리를 시작했듯이 하나님께 영광 돌려야 함을 이야기하며 마치자.

제106문 여섯 번째 간구로 우리가 기도해야 할 것은 무엇입니까?

답 '우리를 시험에 들게 하지 마시옵고 다만 악에서 구하시옵소서'라는 여섯 번째 간구를 통해 우리는, 하나님이 우리를 죄의 유혹으로부터 지켜 주시며 시험당할 때에 우리를 도와주시고 구해 주시기를 기도합니다.

제107문 주기도문의 결론이 우리에게 가르치는 것은 무엇입니까?

답 '나라와 권세와 영광이 아버지께 영원히 있사옵나이다 아멘'이라는 주기도문의 결론은 오직 하나님께 기도함으로 용기를 얻을 것을, 기도중에 그를 찬양하며, 나라와 권세와 영광을 그분께 돌릴 것을 가르칩니다. 그리고 우리의 간구를 그분이 들으실 것을 확신한다는 증거로 아멘이라고 말합니다.

읽어 봅시다
마태복음 6:9~13
그러므로 너희는 이렇게 기도하라
하늘에 계신 우리 아버지여 이름이 거룩히 여김을 받으시오며
나라가 임하시오며 뜻이 하늘에서 이루어진 것 같이 땅에서도 이루어지이다
오늘 우리에게 일용할 양식을 주시옵고
우리가 우리에게 죄 지은 자를 사하여 준 것 같이 우리 죄를 사하여 주시옵고
우리를 시험에 들게 하지 마시옵고 다만 악에서 구하시옵소서
나라와 권세와 영광이 아버지께 영원히 있사옵나이다 아멘

생각해 봅시다

- 우리의 기도는 하나님을 찬양하며 나라와 권세와 영광을 그분께 돌리는 기도입니까? 우리가 원하는 것을 기도하는 것이 아니라 하나님의 영광을 위한 기도를 하나님께 드립시다.

우리를 시험에 들게 하지 마시옵고 다만 악에서 구하시옵소서

- 우리는 살면서 때때로 시험에 들 때가 있습니다. 아무리 믿음이 좋은 사람이라 하더라도 살면서 가끔은 그 믿음이 흔들리고 괴로움에 빠질 때가 있습니다. 그럴 때 어떻게 해야 할까요? 주기도문은 시험에 들지 말게 해주실 것을 기도하라고 가르칩니다. 우리는 어려운 일로 시험에 빠지지 않게 되기를, 반대로 좋은 일을 만나 교만해지는 악에 빠지지 않게 해주시기를 하나님께 구해야 합니다.

1. 시험에 들지 말게 해달라는 다음 성경구절들을 찾아서 읽고 각각 어떤 의미가 있는지 생각해 봅시다. 그리고 그러한 기도를 하나님께 드립시다.

   (1) 시편 19:13(고범죄: 고의로 짓는 죄)

   우리는 때때로 어떤 행동이나 생각이 죄인 줄을 알면서도 그것의 유혹을 이기지 못하고 죄에 빠지는 경우가 있다. 그리고 그런 죄들 때문에 고민하고 괴로워한다. 어떻게 그런 죄로부터 해방될 수 있는가? 우리의 노력으로는 불가능하고 오직 기도와 간구로 하나님이 우리의 마음과 생각을 지켜 주시기를 구할 뿐이다.

   (2) 마태복음 26:41

   때때로 우리는 아예 반대로 죄에 대한 감각이 없어져서 아무렇지도 않게 죄를 지을 때도 있다. 우리의 영이 잠들어서 그런 것이라고 성경은 가르친다. 우리는 우리가 혹시 그런 상태에 빠져 있는지 살피며, 그런 잠에서 깨어나게 해달라고, 잠과 시험에 빠지지 않게 해달라고 간구해야 한다.

   (3) 야고보서 1:13~15

   우리는 때때로 하나님이 우리에게 시험을 주신다고 하지만 야고보 사도는 하나님이 시험을 주시는 것이 아니라 오직 우리의 욕심이 우리를 속이는 것이라 가르치신다. 욕심을 멀리할 수 있도록 기도하자.

2. 성경은 우리가 악에 빠지지 않기 위한 방법을 가르쳐 주고 있습니다. 다음 구절들을 찾아서 읽어 보고 각각 어떤 방법을 제시하는지 이야기해 봅시다.

(1) 시편 51:10

무엇보다도 하나님이 우리의 영을 새롭게 하시고 깨끗한 영을 주시기를 기도해야 한다.

(2) 누가복음 22:32

하나님이 우리를 믿음으로 붙잡아 주시고 또한 우리 서로가 죄에 빠지지 않도록 서로를 위해서 기도해야 한다.

(3) 고린도후서 12:7~9

때로는 시험이 우리가 깨어 있도록 우리를 자극하는 것이 될 수도 있다. 바울의 육체의 고통은 그가 연약한 인간이며 그것을 날마다 기억함으로서 그의 인생과 믿음을 온전하게 하는 것이었다. 우리 또한 우리에게 고통을 주는 문제 때문에 더욱 깨어 있을 수 있고, 기도할 수 있게 하는 도구가 될 수 있음을 인정하고 그 문제로 인해 더욱 기도해야 한다.

3. 히브리서 2:18은 그리스도께서 시험당하는 우리들을 도와주실 능력을 가지고 계심을 알려줍니다. 어떻게 그리스도께서 우리가 시험받을 때 도와주실 수 있는지 생각해 보고 외우도록 합시다.

예수님은 우리의 모든 고통과 고난을 이해하시는 분이시다. 그분은 우리가 겪는 고통보다 더 큰 고통을 겪으셨고, 삼위일체 하나님, 성자 예수님이시면서도 인간의 몸을 입고 33년의 인생을 겪으셨으며 채찍과 창과 십자가의 고통을 당하셨다. 그리고 결국 인간 고통의 끝인 죽음을 경험하셨고 심지어는 죄 많은 인간이 당할 수 있는 극악의 고통인 지옥에까지 내려가신 분이시다. 그분은 우리의 모든 고통을 다 아신다. 그렇기 때문에 우리가 고통과 고난 가운데 기도할 때 그분은 그것을 이해하시고 도우실 수 있다. 예수님께 의지하며 그분께 기도하자.

나라와 권세와 영광이 아버지께 영원히 있사옵나이다 아멘

- 주기도문은 모든 나라와 권세와 영광이 하나님 아버지께 영원히 있다는 고백으로 결론짓습니다. 주기도문의 가르침대로 모든 기도의 핵심은 하나님의 영광에 있음을 다시 한번 선언하고 있습니다. 이 말씀에 비추어 우리의 기도를 점검해야 합니다. 우리는 하나님께 영광 돌리는 기도를 드리고 있습니까? 우리는 세상의 모든 나라, 세상의 모든 것이 하나님의 것임을 인정하는 기도를 드리고 있습니까? 우리는 인생의 가장 중요한 목적이 하나님의 영광임을 인정하는 기도를 드리고 있습니까? 웨스트민스터 소요리문답은 결국 하나님의 영광으로 시작해서 하나님의 영광으로 끝나고 있습니다. 이 모든 공부를 마치면서 다시 한번 우리의 모든 삶의 목적과 방향을 하나님의 영광에 두고 살기를 다짐합시다.

1. 로마서 11:36을 읽고 '모든 나라'가 하나님께 있다는 고백이 어떤 의미인지 알아봅시다. 그리고 우리 삶에 이를 실천하기 위해 어떻게 해야 할지 서로 이야기해 봅시다.

   모든 만물의 근원과 마침이 하나님께 있고 오직 하나님만이 홀로 유일하시며 완전하신 실체시며, 그렇기에 모든 영광을 받으시기에 합당하신 분이시다.

2. '아멘'은 그대로 될 것이라는 믿음의 고백입니다. 아멘으로 맺을 수 있는 기도를 드리기 위해 우리 기도의 내용이 어떠해야 할지 서로 이야기하고 그런 기도를 드립시다.

정리해 봅시다

주기도문은 모든 (나라)와 (권세)와 (영광)이 하나님께 있음을 고백하며 마무리 짓습니다. 이는 우리가 모든 (영광)을 오직 하나님께만 돌려야 함을 의미합니다.

웨스트민스터 소요리문답을 마치면서

지난 일 년 간 웨스트민스터 소요리문답을 공부하느라 고생이 많았습니다. 첫 번째 문항부터 마지막 문항까지 웨스트민스터 소요리문답을 관통하는 한 가지 주제는 바로 '하나님의 영광'입니다. 이 공부를 마친 우리는 하나님의 은혜로 하나님의 영광을 위해 살도록 기도하면서 노력합시다. 수고하셨습니다!

끝마침 : 우리 인생의 가장 큰 목적은 하나님의 영광을 드러내며 이로 인해 하나님을 기뻐하는 것이다. 나라와 권세와 영광이 하나님께 있음을 고백하는 것은 세상 모든 것이 하나님의 피조물이며 하나님께 속하였고, 그렇기에 우리 인생의 목적은 하나님의 영광에 있음을 고백하는 것이다. 모든 영광을 하나님께 돌리자.

저자 **정요한**

총신대학교 신학과 동대학원 기독교교육학 석사, 프랑스 스트라스부르2대학, 고등연구원에서 수학,
현 프랑스 아미엥 쥘 베른 대학 교육학 박사과정, 총체적복음사역 연구소 연구원, 간사,
대한예수교장로회 제자교회 청년부 담당.

삶을 바꾸는 소요리 성경공부 **인도자 지침서**

초판1쇄 발행일 | 2016년 2월 19일
초판3쇄 발행일 | 2019년 7월 15일

지은이|정요한
펴낸이|김학룡
펴낸곳|엔크리스토
마케팅|유영진, 조형준
관리부|김광현, 오연희, 강주영

출판등록|2004년 12월 8일(제2004-116호.)
주소| 경기도 고양시 일산동구 장대길 74-10
전화|(031) 906-9191 팩스|0505-365-9191
이메일|9191@korea.com
공급처|(주)기독교출판유통

ISBN 979-11-5594-024-2 03230

● 잘못된 책은 바꾸어 드립니다.
● 책값은 뒤표지에 있습니다.